国际贸易争端解决研究

赵竹君 著

中国商务出版社
·北京·

图书在版编目（CIP）数据

国际贸易争端解决研究/赵竹君著. -- 北京：中国商务出版社，2024.8
ISBN 978-7-5103-5182-2

Ⅰ.①国… Ⅱ.①赵… Ⅲ.①国际贸易-经济纠纷-研究 Ⅳ.①D996.1

中国国家版本馆CIP数据核字（2024）第108837号

国际贸易争端解决研究
GUOJI MAOYI ZHENGDUAN JIEJUE YANJIU

赵竹君　著

出　　版：中国商务出版社	
地　　址：北京市东城区安外东后巷28号	邮　编：100710
网　　址：http://www.cctpress.com	
联系电话：010—64515150（发行部）	010—64212247（总编室）
010—64266119（商务事业部）	010—64248236（印制部）
责任编辑：周水琴	
印　　刷：唐山唐文印刷有限公司	
开　　本：787毫米×1092毫米　1/16	
印　　张：12.5	字　数：221千字
版　　次：2025年1月第1版	印　次：2025年1月第1次印刷
书　　号：ISBN 978-7-5103-5182-2	
定　　价：78.00元	

凡所购本版图书如有印装质量问题，请与本社印制部联系
版权所有　翻印必究（盗版侵权举报，请与本社总编室联系）

PREFACE 前言

国际贸易争端解决是国际贸易领域的重要议题，涉及多个国家之间的利益关系和法律规定。随着全球贸易规模不断扩大和贸易方式日趋多样化，国际贸易争端也日益复杂化。因此，研究国际贸易争端解决机制及其运作方式具有重要意义。在国际贸易中，由于各国的法律、制度和文化存在差异，因此，难免会出现争端。解决这些争端有助于维护贸易的公平性、公正性和规则性，为各国间的贸易合作提供了稳定的环境。通过研究解决争端的具体案例和机制，我们可以发现，现有国际贸易法律制度中的不足，为完善和修订国际贸易法律提供参考和借鉴。国际贸易争端解决研究有助于提升国际贸易争端解决的效率和公正性。研究国际贸易争端解决机制的运作方式和效果，可以找到提高解决效率和公正性的方法和路径，为国际贸易争端的解决提供更好的经验和借鉴。

本书适用于从事国际贸易、国际经济法、国际关系等相关领域的学生、研究人员和从业者，也可供实际工作中需要处理国际贸易争端的人士参考。

在写作本书的过程中，作者借鉴了许多前辈的研究成果，在此表示衷心的感谢。由于作者水平有限，加之写作时间仓促，书中难免存在不足，恳请广大读者斧正。

赵竹君

2024 年 5 月

CONTENTS 目 录

第一章 国际贸易争端解决的基本概念和原则 ············· 1
- 第一节 国际贸易争端解决概述 ············· 1
- 第二节 解决国际贸易争端的基本原则 ············· 5
- 第三节 国际贸易争端解决的国际机制 ············· 9
- 第四节 国际贸易争端解决的国内法律体系 ············· 15

第二章 国际贸易争端解决的主要机构和规则 ············· 18
- 第一节 WTO 争端解决机构 ············· 18
- 第二节 贸易协定中的争端解决规则 ············· 28
- 第三节 国际商会仲裁和国际法院解决贸易争端 ············· 31
- 第四节 其他国际争端解决机构和规则 ············· 35

第三章 国际贸易争端解决的程序和流程 ············· 41
- 第一节 争端解决的程序和流程概述 ············· 41
- 第二节 起诉和答辩阶段的程序要点 ············· 50
- 第三节 审理和裁决阶段的程序要点 ············· 57
- 第四节 执行和结果阶段的程序要点 ············· 62

第四章 国际贸易争端解决的法律问题 ············· 68
- 第一节 国际贸易法律的选择和适用性 ············· 68
- 第二节 法律解释和实施的争议问题 ············· 73
- 第三节 法律效力和执行问题 ············· 78
- 第四节 法律问题的解决方法 ············· 82

第五章　国际贸易争端解决的经济问题······85
第一节　经济分析方法在争端解决中的应用······85
第二节　经济分析在争端解决中的局限性和挑战······87
第三节　经济分析在争端解决中的启示和建议······94
第四节　经济问题的解决方法······99

第六章　国际贸易争端解决的政治问题······103
第一节　政治因素对争端解决的影响······103
第二节　政治因素对争端解决的限制和挑战······114
第三节　政治因素对争端解决的启示和建议······118
第四节　政治问题的解决方法······122

第七章　国际贸易争端解决的文化问题······127
第一节　文化因素对争端解决的影响······127
第二节　文化因素对争端解决的局限性和挑战······137
第三节　文化因素对争端解决的启示和建议······142
第四节　文化问题的解决方法······147

第八章　国际贸易争端解决的环境问题······151
第一节　环境因素对争端解决的影响······151
第二节　环境因素对争端解决的限制和挑战······156
第三节　环境因素对争端解决的启示和建议······161
第四节　环境问题的解决方法······167

第九章　国际贸易争端解决的未来展望······172
第一节　国际贸易争端解决的发展趋势和特点······172
第二节　国际贸易争端解决的未来挑战和机遇······179
第三节　国际贸易争端解决的未来发展方向和建议······186

结束语······191

参考文献······192

第一章 国际贸易争端解决的基本概念和原则

第一节 国际贸易争端解决概述

一、国际贸易争端的内涵

国际贸易争端是指各国因贸易政策、贸易实践或贸易争议而发生的争端。国际贸易争端的内涵包括多个方面：①涉及贸易政策和法规的冲突，包括关税、配额、补贴等措施；②涉及市场准入、知识产权保护、贸易壁垒等方面的问题；③涉及跨国公司的反倾销、反补贴、反倾销措施等贸易救济措施；④涉及 WTO（World Trade Organization，世界贸易组织）规则的解释和适用等问题。因此，国际贸易争端的解决，对于维护国际贸易秩序和促进贸易自由化具有重要意义。

二、国际贸易争端需要解决的问题

（一）贸易政策和法规的冲突

贸易政策和法规的冲突是国际贸易中常见的问题，不同国家因不同的地理、经济、政治等因素制定的贸易政策和法规可能存在差异，导致贸易摩擦和争端。这些差异主要体现在关税高低、配额限制、补贴措施等方面，给国际贸易带来了一定的不确定性。例如，一些国家为了保护本国产业发展，会对进口商品征收高额关税，而另一些国家可能会采取降低关税的政策来促进进口贸易和消费，这种差异会导致贸易伙伴之间的关系紧张，需要通过谈判和协商来寻求平衡；一些国家为了控制进口数量，会设置进口配额，而另一些国家可能认为这种做法是对自由贸易的限制，这种差异会导致进商和出口商之间的纠纷，需要通过国际贸易组织或双边协议来解决；一些国家为了扶持本国产业发展，会给予出口商品补贴，而另一些国家可能会认为这种做法是不公平竞争的表现，这种差异会导致贸易争端和诉讼，需要通过国际贸易规则和机制来解决。

（二）市场准入问题

在当今国际贸易中，市场准入问题备受关注。一些国家为了保护本国产业或是出于其他考虑，对外国产品的市场准入设置了各种各样的障碍，如限制性的进口许可证、技术标准等。这些障碍会对外国企业的进入造成困难，也会影响市场的开放和公平竞争。因此，如何解决市场准入问题成为国际贸易中的重要课题。

一些国家对外国产品设置限制性的进口许可证，这种做法对外国企业的市场准入造成了不利影响。这些限制可能是出于对商品质量、安全性等方面的考虑，但也可能是出于保护本国产业的目的。解决这一问题的关键在于加强国际贸易规则和机制的监督和执行，确保各国遵守贸易规则，不设置不合理的市场准入障碍。

一些国家会制定自己的技术标准，对外国产品的市场准入提出要求。这种做法会对外国企业造成不必要的负担，也会影响到市场的开放和公平竞争。因此，各国应加强技术标准的国际合作，推动技术标准的国际化和统一化，降低技术标准对市场准入的障碍。

一些国家还可能采取其他措施，如贸易配额、反倾销措施等，对外国产品的市场准入进行限制。这些措施会导致贸易争端和纠纷，影响国际贸易的正常秩序。解决这一问题的关键在于加强国际贸易规则的监督和执行，确保各国按照规则办事，不采取不合理的市场准入措施。

（三）知识产权保护问题

知识产权包括专利、商标、著作权等，是创新和知识的重要保护方式。然而，知识产权侵权行为可能会导致贸易争端，影响企业的创新积极性和市场竞争力。因此，建立有效的知识产权保护机制和解决争端的程序至关重要。创新是推动经济增长和社会进步的重要驱动力，而保护知识产权可以鼓励企业投入更多的研发资源，推动技术创新和产业升级。因此，建立健全的知识产权保护制度，对于促进经济发展和提高国际竞争力具有重要意义。

在没有有效的知识产权保护机制的情况下，企业可能会面临技术被盗用、仿制品泛滥等问题，导致市场秩序混乱，损害企业的合法权益。因此，建立有效的知识产权保护机制，可以维护市场秩序，保障企业的合法权益。在全球化背景下，各国之间的经济联系日益紧密，保护知识产权成为各国开展贸易合作的重要前提。建立有效的知识产权保护机制，可以增强国际贸易的信心，促进贸易自由化和便利化。

（四）贸易壁垒问题

国际贸易中存在各种形式的贸易壁垒，如技术壁垒、非关税壁垒等，这些壁垒可能会阻碍贸易自由化和公平竞争，导致贸易争端。因此，建立有效的贸易壁垒解决机制至关重要，可以通过协商、谈判或诉讼等方式来解决贸易争端，促进贸易自由化和经济全球化的发展。

一些国家为了保护本国产业或出于其他考虑，会对进口商品设置技术标准或认证要求，导致外国企业面临技术壁垒。解决技术壁垒的关键在于加强国际标准的制定和认证机构的合作，推动技术标准的国际化和统一化，降低技术壁垒对贸易的影响。

一些国家可能会采取各种措施，如贸易配额、进口限制等，对进口商品进行限制，这种做法可能会导致贸易争端和纠纷。解决非关税壁垒的关键在于加强贸易规则和机制的监督和执行，确保各国遵守贸易规则，不采取不合理的贸易限制措施。

一些国家可能会采取其他形式的贸易壁垒，如反倾销措施、补贴措施等，对进口商品进行限制。这些措施可能会导致贸易争端和纠纷，影响贸易的正常秩序。解决这些贸易壁垒的关键在于加强国际贸易规则和机制的监督和执行，确保各国按照规则办事，不采取不合理的贸易限制措施。

（五）不合理和不公正的贸易救济措施问题

国际贸易中的贸易救济措施包括反倾销、反补贴和保障措施等，旨在保护国内产业免受不正当贸易行为的侵害。然而，这些措施可能会引发贸易争端，因此需要进行调查和裁决，以确保贸易关系的稳定和公平。

当一国认为另一国出口商品的价格低于公平市场价，并且对本国产业造成损害时，可以采取反倾销措施，如征收关税等；当一国认为另一国对出口商品给予补贴，并且对本国产业造成损害时，可以采取反补贴措施，如征收反补贴税等；当一国产业面临严重损害时，可以采取一些临时性的保障措施，如限制进口数量或征收关税等。

然而，上述反倾销、反补贴和保障措施可能会引发贸易争端，因此需要进行调查和裁决，以确保其合理性和公正性。

（六）WTO规则需要不断解释、适用和发展问题

WTO规则是多边贸易体制的核心，其解释、适用和发展对于维护贸易自由化和公平竞争至关重要。因此，WTO成员通过不断解释、适用和发展WTO规则，可以确保贸易体制的有效运行，促进全球贸易的稳定和可持续发展。

WTO规则需要不断解释，以确保各成员成员对规则的理解一致。WTO规则涉及各个方面，如关税和非关税措施、知识产权、贸易救济措施等，这些规则的解释需要考虑到各成员的利益和立场，以达成一致理解。不断解释WTO规则，可以促进成员之间的理解和合作，避免因规则理解不一致而导致的贸易争端。

WTO规则需要不断适用，以确保各成员遵守规则。WTO规则对成员的要求很清楚，包括最惠国待遇、国民待遇、市场准入等，成员需要根据这些规则的要求来制定和执行自己的贸易政策。不断适用WTO规则，可以确保各成员遵守规则，避免出现违反规则的情况，从而维护贸易体制的稳定和公平。

WTO规则需要不断发展，以适应全球贸易的变化和发展。随着全球化的推进和经济的发展，贸易形势不断变化，WTO规则也需要不断发展和完善，以适应新的贸易形势和挑战。不断发展WTO规则，可以促进全球贸易的发展，推动全球经济的繁荣。

（七）其他问题

环境问题和劳工标准等非贸易因素不仅影响着贸易的进行，还与可持续发展和社会公平密切相关。因此，妥善处理这些问题，既可以促进贸易发展，又可以实现经济、社会和环境的协调发展。

一些国家在生产过程中可能会忽视环境保护，导致污染和资源浪费，这种行为不仅会对环境造成损害，还可能构成不公平竞争，影响贸易的公平性。因此，各国应加强合作，通过完善国际合作机制和贸易协议，促进环境保护和可持续发展。

一些国家可能会采取降低劳工标准来提高竞争力的做法，这不仅损害了劳工权益，还可能构成不公平竞争，影响贸易的公平性。因此，各国应加强合作，通过国际劳工组织等机构，推动提高全球劳工标准，促进劳工权益的保护和社会公平的实现。

一些国家可能会对进口商品提出环境和劳工标准等要求，这可能被人们视为对贸易的限制，引发贸易争端。因此，各国应加强沟通和协商，通过对话解决分歧，避免贸易争端的发生，促进贸易的稳定和可持续发展。

第二节 解决国际贸易争端的基本原则

一、依法解决原则

依法解决原则，即依据国际贸易规则和相关协定，尊重各方的法律地位和权利，避免采取单边主义和强权政治。这一原则是维护国际贸易秩序和多边贸易体制的基础，对于推动全球贸易的发展具有重要意义。

依法解决原则体现了国际社会对于法治的尊重和维护。在国际贸易领域，各国通过签订、遵守贸易协定和规则，建立起了一套完整的法律框架，用以规范各方的行为。只有依据这些贸易协定和规则，才能有效地处理贸易争端，维护贸易伙伴关系的稳定性和可预测性。

依法解决原则有利于平等和公正地解决贸易争端。在国际贸易争端解决机制中，各方都应当被视为平等的主体，享有相同的权利和义务。只有依据贸易协定和规则，才能确保贸易争端的处理公正合理，避免出现单方面的利益诉求和不当的强制行为。

依法解决原则有助于维护国际贸易秩序的稳定和可持续发展。在当前国际形势下，保护主义和单边主义的抬头使得国际贸易环境充满了不确定性和挑战。只有坚持依法解决原则，加强国际贸易协定和规则的执行，才能有效地抵制这种趋势，维护多边贸易体制的权威性和有效性。

二、谈判协商解决原则

在国际贸易领域，谈判协商解决争端是一种重要的原则。各方应尽量避免采取单方面的措施，而应保持对话沟通，寻求互利共赢的解决方案。采纳谈判协商解决原则，有利于维护国际贸易秩序的稳定性和多边贸易体制的有效性。

谈判协商解决争端可以增进各方之间的相互理解和信任。在国际贸易争端中，各方可能存在不同的利益诉求和观点，通过谈判协商可以让各方更加深入地了解对方的立场和考虑，有利于寻找到双方都能接受的解决方案。

谈判协商解决争端可以避免可能带来的负面影响。采取单方面的措施可能会导致贸易关系的恶化和贸易摩擦的进一步升级，而通过谈判协商可以避免这种情况的发生，减少不必要的经济和政治风险。

谈判协商解决争端可以促进互利共赢。在谈判协商的过程中，各方可以就如何解决争端、如何改善贸易关系等问题进行深入讨论和磋商，最终达成既符合双方利益又有利于维护国际贸易秩序的解决方案，实现互利共赢。

三、遵守国际贸易规则原则

在处理贸易争端时，遵守国际贸易规则至关重要。各国应当遵守国际贸易规则，尊重WTO的规则和裁决，维护多边贸易体制的稳定性和可预测性。遵循这一原则有助于促进国际贸易的发展，维护各国的合法权益，推动全球经济的繁荣。国际贸易规则是各国自愿遵守的准则，通过遵守这些规则，可以建立起一个公平、透明、可预测的贸易环境，有利于维护贸易关系的稳定和持续发展。

在国际贸易中，各国之间可能会因为利益分歧或误解而产生争端，通过遵守国际贸易规则，可以建立起一种解决争端的有效机制，避免争端进一步升级，维护贸易体制的稳定和可持续发展。制定和遵守国际贸易规则可以促进贸易的自由化和便利化，降低贸易壁垒，扩大贸易规模，促进全球经济的繁荣。

四、尊重贸易伙伴原则

在当今全球化背景下，各国间的贸易往来日益频繁，贸易伙伴关系的稳定和健康发展对于维护世界经济秩序、促进各国经济繁荣具有重要意义。在处理贸易争端时，尊重贸易伙伴原则是至关重要的。这一原则要求各国在解决贸易争端时不仅要考虑自身利益，更要尊重对方的合法权益和国际承诺，避免采取损害对方利益的行动，以维护贸易伙伴关系的稳定和持续发展。尊重贸易伙伴原则有助于建立和谐的国际贸易关系。在国际贸易中，各国经济实力和实际利益存在差异。因此，尊重贸易伙伴原则可以体现出对于各国间平等互利的态度，避免一些大国强权行径对小国造成损害，从而促进各国间的合作与共赢。

在国际贸易中，各国对于对方的政策和行动常常感到不确定，这种不确定性会导致市场波动和贸易壁垒的出现。如果各国能够遵循尊重贸易伙伴原则，及时公布信息、保持沟通，就可以增加市场的透明度，减少不确定性，提高市场参与者的信心，有利于国际贸易的稳定发展。尊重贸易伙伴原则有助于建立和谐的国际贸易法律体系。国际贸易争端解决的一个重要原则就是尊重对方的国际承诺和义务。各国如果能够遵循这一原则，就可以加强国际贸易法的权威性和约束力，促进国际贸易法的进一步完善和发展，为国际贸易提供更加稳定和可靠的法律保障。尊重贸易伙伴原则有助于维护全球贸易体系的稳定性和可持续性。全球贸易体系是世界经济发展的重要基础，只有各国能够遵循贸易规则、尊重贸易伙伴，才能够保持贸易体系的稳定性和可持续性，促进全球经济的繁荣和稳定。

五、保护知识产权原则

在当今全球化的背景下，保护知识产权越来越成为国际贸易中的重要问题。保护知识产权不仅关乎个别企业的利益，更关乎整个国家乃至全球经济的发展。各国在贸易争端中应当尊重和保护知识产权，避免侵犯他国知识产权，维护知识产权的国际规则和秩序，促进全球经济的可持续发展。

保护知识产权有助于促进创新和技术进步。保护知识产权可以激励企业增加对研发和创新的投入，提高创新活力和竞争力，推动科技成果的转化和应用，促进社会经济的发展。

保护知识产权有助于维护公平竞争的市场秩序。保护知识产权可以防止模仿和抄袭，保护创新者的合法权益，维护市场的公平竞争环境，促进市场资源的合理配置，有利于市场的健康发展。

保护知识产权有助于提升企业和国家的竞争力。知识产权是企业核心竞争力的重要组成部分，保护知识产权可以帮助企业保护自身核心技术和品牌优势，提升企业的市场地位和竞争力，进而提升国家在国际市场上的话语权和影响力。

保护知识产权有助于促进国际贸易的发展。保护知识产权可以增加国际贸易的信任度和稳定性，减少贸易争端和摩擦，促进国际贸易的顺畅进行，为各国经济的发展和繁荣提供良好的环境。

六、遵守国际法原则

在处理贸易争端时，各国应当遵守国际法，这是维护国际秩序和促进国际合作的基础。作为国家行为的规范，国际法体现了国际社会的共同意愿和共同利益，对于解决贸易争端具有重要意义。遵守国际法原则，尊重国际法的基本原则和精神，是各国应尽的责任和义务。国际法是国际社会共同遵循的规范体系，具有普遍性、客观性和长期性。在处理贸易争端时，各国应当尊重国际法的权威，认真履行国际法规定的义务，确保国际法的实施和执行。只有通过遵守国际法，才能有效维护国际法的尊严和权威，确保国际社会的和平与稳定。

国际法规定了国家在贸易活动中应遵循的基本原则，包括平等互利、自由贸易、非歧视、公平竞争等。在处理贸易争端时，各国应当遵守这些原则，维护公平公正的贸易秩序，促进各国贸易的平衡发展，实现共同繁荣。遵守国际法有助于增强国际社会的信任和合作。国际法是国际社会的共同约束和规范，各国遵守国际法可以增强彼此之间的信任，建立良好的合作关系。在处理贸易争端时，各国应当本着公正、合作的态度，遵守国际法的原则和规定，共同寻求问题的解决方案，促进贸易合作与交流。

七、加强合作原则

在当今全球化的背景下，各国应当深化贸易争端解决机制的合作，以共同维护国际贸易秩序和规则，推动贸易自由化和便利化的进程。加强合作原则是国际社会应对贸易挑战的重要途径，也是促进全球经济增长和繁荣的关键所在。加强合作有助于提升贸易争端解决机制的效率和效力。贸易争端解决机制是维护国际贸易秩序和规则的重要工具，各国应当加强合作，共同改进解决机制，提高其效率和效力，确保贸易争端得到及时、公正的解决，维护贸易的稳定性和可预测性。

贸易自由化和便利化是国际贸易发展的趋势，有利于促进全球贸易的增长和繁荣。各国应当加强合作，共同推动贸易自由化和便利化的进程，降低贸易壁垒，简化贸易程序，促进贸易的顺畅进行。加强合作有助于建立多边贸易体制。多边贸易体制是国际贸易合作的重要基础，各国应当通过加强合作，共同维护多边贸易体制的权威性和有效性，推动其不断发展和完善，促进全球贸易的平衡和发展。

第三节　国际贸易争端解决的国际机制

一、WTO 的争端解决机制

WTO 设立了争端解决机制，通过成员提交的申诉案件，经过一系列程序，最终做出裁决，促进贸易争端的解决。

（一）成员国申诉

任何一个加入 WTO 的成员都有权利向争端解决机构提出申诉。这个权利赋予了成员在 WTO 框架内寻求解决贸易争端的渠道，为维护自身的贸易利益提供了有力保障。申诉方可以是任何感觉受到其他成员贸易政策或行为侵犯的成员，这一机制不仅保证了 WTO 规则的执行，还体现了 WTO 的公正和透明原则。申诉机制的设立是为了解决国际贸易中出现的各种争端和纠纷，以维护贸易自由化、公平竞争和非歧视性原则。成员可以根据 WTO 协议中的相关规定，向争端解决机构提交申诉请求，并提供相关证据和理由支持自己的主张。申诉方需要明确指出被申诉方的贸易政策或行为违反了哪些 WTO 规则，并说明这种违反对自身贸易利益造成的影响。

在提起申诉之前，申诉方通常会试图通过双边磋商或其他方式解决争端，但如果这些努力未能取得成果，申诉方就可以选择向争端解决机构寻求帮助。争端解决机构会对申诉进行审查，包括听取双方的意见和证据，最终做出裁决。裁决结果必须得到争端解决机构的认可，被认定为违规的成员需要遵守裁决结果并采取相应措施进行调整。申诉机制的存在和运作，为 WTO 成员提供了一个公正、透明、有效的贸易争端解决机制，有助于避免贸易战和贸易摩擦的升级，维护了全球贸易体系的稳定性和可预测性。同时，这促进了成员之间的贸易合作和发展，为全球经济的增长和繁荣做出了积极贡献。

（二）咨询和调解

在 WTO 的争端解决机制中，咨询和调解是解决贸易争端的重要阶段之一。这一阶段旨在为成员提供一个通过对话和协商解决争端的机会，避免正式启动争端解决程序，从而节省时间和资源，促进贸易关系的友好发展。在决定向争端解决机构提出正式申诉之前，申诉方通常会通过向被申诉方提出咨询请求的方式，试图通过谈判解决争端。这一过程可以被视为贸易争端解决的第一步，也是成员之间解决争端的常规做法。咨询阶段的主要目的是为双方提供一个沟通的平台，就存在的贸易问题进行深入讨论和协商，寻求双方都能接受的解决方案。

如果经过一段时间的咨询仍未能解决争端，申诉方可以选择将争端提交给专家组进行调解。调解是一种非正式的争端解决方式。通过调解，专家组旨在促进双方之间的对话和合作，寻求一个可行的解决方案。调解的过程通常包括听取双方的意见和建议，分析问题的根源，提出解决方案，并协助双方达成一致意见。调解阶段的主要优势在于其灵活性和高效性。与正式的争端解决程序相比，调解更加注重双方的合作和共识，可以更快地找到解决方案，并避免争端进一步升级。此外，调解可以帮助双方建立信任，改善贸易关系，为今后的合作奠定基础。

（三）成立专家组

当申诉方和被申诉方在咨询阶段无法解决贸易争端时，申诉方可以选择要求成立专家组来审议争端。专家组由独立、公正的专家组成，他们对贸易争端进行审查，并最终做出裁决。专家组的成立标志着争端解决程序进入了正式阶段，其裁决具有法律约束力，必须得到争端解决机构的批准和认可。专家组的组成具有严格的程序和标准。首先，申诉方和被申诉方可以就专家组的组成达成协议，包括确定专家的人选和任命程序。如果双方无法达成一致意见，根据 WTO 规则，争端解决机构会从 WTO 成员提名的专家名单中选择出符合条件的专家组成专家组。

专家组的任务是对争端案件进行独立、公正和客观的审议。在审议过程中，专家组会听取双方的陈述和证据，并根据 WTO 协议和相关规则对案件进行评估和分析。专家组的裁决通常基于对相关法律文件和事实的认真考虑和分析，确保裁决的公正性和合理性。专家组的裁决是最终的，被认定为违规的成员必须履行裁决，并在一定期限内采取必要的措施进行调整。如果被申诉方拒绝履行裁决，申诉方可以请求争端解决机构授权采取反制措施，以弥补其受到的损失。专家组的裁决和争端解决机构的决定为维护国际贸易秩序提供了有力的法律保障，保障了 WTO 成员贸易关系的稳定性和可预测性。

(四) 裁决和报告

被认定为违规的成员必须履行裁决，并在一定期限内采取必要的措施进行调整。争端解决机构将审查裁决结果，并根据情况授权申诉方采取必要的制裁措施，确保裁决的执行。裁决和报告阶段的重要性在于其裁决结果具有法律约束力，必须得到争端解决机构的批准和认可。通过这一阶段的努力，WTO能够确保争端解决程序的公正、透明和有效，维护了全球贸易秩序的稳定性和可预测性，促进了各成员之间的贸易合作和发展。

(五) 争端解决机构

争端解决机构是WTO争端解决机制的核心组成部分，负责监督和管理争端解决程序的整个过程，以确保其公正、有效和透明。争端解决机构的职责包括批准专家组的裁决结果、监督各方是否履行裁决，并在必要时授权申诉方采取反制措施，以维护贸易秩序的稳定性和预测性。一旦专家组做出裁决，裁决结果将提交给争端解决机构审议。争端解决机构将评估裁决的合法性和合理性，并在一定时限内批准裁决结果。裁决结果一经批准，即具有法律约束力，被申诉方有责任履行。

如果被申诉方未能在规定的时限内履行裁决，申诉方可以向争端解决机构申请授权采取反制措施。争端解决机构将根据情况授权申诉方采取必要的制裁措施，以确保裁决的执行和贸易秩序的维护。这种机制有助于保持争端解决程序的效力，确保各成员遵守WTO规则。除争端解决外，争端解决机构还负责监督WTO成员是否履行其他WTO协议的规定，以确保各成员遵守WTO的所有规则和承诺。这有助于维护全球贸易体系的稳定性和可预测性，促进全球贸易的发展和繁荣。

二、区域贸易协定的争端解决机制

区域贸易协定（Regional Trade Agreement，RTA）的争端解决机制在许多方面与WTO的争端解决机制类似，但也存在一些区别和特点。以欧盟的争端解决机制为例，可以看出区域贸易协定争端解决机制的一般运作方式。

（一）成员申诉

在区域贸易协定中，成员可以向协定内部的争端解决机构提出申诉，旨在解决成员之间因贸易政策或行为引发的纠纷和争端。申诉方需要提供充分的证据，证明被申诉方的贸易政策或行为违反了协定规定，对自己的贸易利益造成了损害。申诉方需要明确指出被申诉方的贸易政策或行为违反了区域贸易协定的具体规定。这可能涉及关税和非关税壁垒、贸易补贴、贸易壁垒的排除、市场准入等方面的规定。申诉方需要提供详细的描述和分析，说明被申诉方的行为如何违反了这些规定，并对其造成的负面影响进行评估。

申诉方需要提供充分的证据支持自己的主张。这可能包括相关的贸易数据、文件和证言，以及专家意见和研究报告等。证据应当具有权威性和可信度，能够证明被申诉方的行为确实存在违规行为，并对申诉方的贸易利益造成了实际损害。申诉方还需要说明其提出申诉的合法性和正当性。这包括申诉方对争端解决机制的选择是否符合协定规定，以及申诉方是否已经通过协商等方式试图解决争端，但未能取得满意的结果。

（二）咨询和调解

在区域贸易协定中，成员在正式启动争端解决程序之前通常会进行咨询和调解，以尝试通过谈判解决争端。这一过程旨在促进争端的友好解决，避免引入更为复杂和耗时的争端解决程序。申诉方和被申诉方可以通过直接对话或借助第三方进行咨询和调解，以寻求双方都能接受的解决方案。咨询阶段是申诉方和被申诉方进行直接对话，表达彼此的立场和利益诉求，寻求共识和解决方案的过程。在这一阶段，双方可以就争端的具体问题展开讨论，分析争端的原因和影响，尝试找到解决方案的契机。咨询阶段的目标是通过合作和协商达成一致意见，避免进一步升级争端。

如果咨询阶段未能取得进展，申诉方可以请求成立专家组进行调解。专家组是由双方同意或协商产生的，负责听取双方的陈述和证据，并提出调解建议。专家组通常由独立、公正的专家组成，他们的建议可能有助于双方更好地理解争端的本质和解决方案的可能性，促进双方达成友好解决。咨询和调解阶段的重要性在于其强调了合作和协商的重要性，有助于缓解争端的紧张局势，为双方寻求共同利益和解决方案创造条件。通过这一阶段的努力，成员可以避免进一步升级争端，维护区域贸易秩序的稳定性和可预测性。

（三）成立专家组

在区域贸易协定中，如果咨询和调解未能解决争端，申诉方可以要求成立专家组。专家组由各成员提名的独立专家组成，其任务是审查案件并做出裁决。专家组的成员应当具有专业知识和经验，能够客观、公正地审理争端案件。成立专家组的程序通常需遵循区域贸易协定的相关规定。申诉方需要向协定的秘书处提交正式申请，并提供详细的案件资料和证据。被申诉方也有权就专家组的成员提出异议，以确保专家组的公正性和独立性。专家组的成员应当在公正性和独立性的基础上进行工作。他们将审查双方提交的证据和陈述，并根据区域贸易协定的规定和相关法律原则对争端案件进行评估和分析。专家组的裁决应当基于对事实和法律问题的认真考虑，以及对区域贸易协定的规定和解释。专家组的裁决应当是最终的，并具有法律约束力。被申诉方有责任履行专家组的裁决，并在规定的时限内采取必要的措施进行调整。如果一方未能履行裁决，另一方可以采取必要的制裁措施，以确保裁决的执行和贸易秩序的维护。

（四）裁决和履行

在区域贸易协定中，专家组将根据区域贸易协定的规定对争端案件进行审理，并在一定时限内做出裁决。裁决结果需要被申诉方和申诉方接受，并在规定的时限内履行。如果一方未能履行裁决，另一方可以采取必要措施进行调整。专家组将对争端案件进行审理，并在听取双方陈述和证据后，根据区域贸易协定的规定和相关法律原则做出裁决。裁决结果应当是公正、客观和合理的，符合区域贸易协定的规定和解释。裁决结果一经做出，即具有法律约束力，需要被申诉方和申诉方接受。

裁决结果需要在规定的时限内得到申诉方和申诉方的履行。申诉方应当采取必要的措施，确保裁决结果的有效执行。如果一方未能履行裁决，另一方可以向争端解决机构申请执行裁决，并采取必要的制裁措施，以迫使对方履行裁决。如果一方未能履行裁决并拒绝接受制裁措施，另一方可以采取必要的措施进行调整。这可能包括暂停对方的某些权利或利益，直到对方履行裁决为止。调整措施应当符合区域贸易协定的规定，旨在确保裁决的有效执行和贸易秩序的维护。

（五）监督和批准

在区域贸易协定中，监督和批准是争端解决机制中的重要环节。通常情况下，区域贸易协定设立了专门的监督机构或委员会，负责监督争端解决程序的执行，确保裁决结果得到有效执行，并促进各成员的合作与发展。监督机构或委员会的成立旨在提高争端解决机制的透明度和有效性。监督机构通常由各成员国的代表组成，其职责包括监督争端解决程序的执行情况，审查裁决结果的合法性和合理性，并确保各成员遵守裁决。

裁决结果通常需要得到监督机构或委员会的批准，才能生效。监督机构会对裁决结果进行审核，确保其符合区域贸易协定的规定和解释，以及国际贸易法的相关原则。只有经过监督机构或委员会的批准，裁决结果才能对各成员产生法律约束力。监督机构或委员会的存在和工作有助于维护区域贸易秩序的稳定性和可预测性。监督机构可以促进各成员的合作与协调，推动争端解决程序的顺利进行，并确保裁决结果的有效执行。通过监督机构的监督和批准，区域贸易协定能够更好地发挥其在贸易纠纷解决方面的作用，促进成员之间的贸易合作和发展。

三、双边和多边协商和调解

通过双边和多边协商和调解，各方可以在争端解决中展示灵活性和合作意愿，有助于维护国际贸易秩序的稳定，促进贸易伙伴关系的发展。

双边协商和调解是解决贸易争端的一种常见方式。在双边贸易关系中，各国可以通过双边协商和调解来解决贸易争端，寻求共同利益的平衡点。双边协商和调解通常更灵活，更具有针对性，有助于各方快速找到解决方案，避免争端升级。

在多边贸易框架下，各国可以通过多边协商和调解机制，如 WTO 的争端解决机制，解决贸易争端。多边协商和调解具有公开、透明的特点，有助于确保解决方案的公正性和合法性，维护了国际贸易秩序的稳定。

双边和多边协商和调解还有助于促进贸易伙伴关系的发展。通过双边和多边协商和调解解决贸易争端，各方可以增进彼此的了解和信任，建立起更加稳固的贸易伙伴关系。这对于促进贸易合作、扩大贸易规模具有重要意义，有利于推动国际贸易的发展。

第四节 国际贸易争端解决的国内法律体系

一、仲裁法律体系

在国内法律体系中,仲裁法律规定起着至关重要的作用,用以规范和指导国内仲裁程序的实施。这些规定涵盖了多个方面,包括仲裁协议的有效性、仲裁程序的程序性要求、仲裁庭的组成和程序等。仲裁法律体系的建立和健全,有助于保障仲裁程序的公正性、高效性和便利性。仲裁法律体系规定了仲裁协议的有效性要求。根据国内法律规定,仲裁协议必须符合一定的法律要求才能被认定为有效。这些要求可能包括协议的签订形式、协议的内容和范围等方面的规定,以确保仲裁协议的效力和约束力。

仲裁法律体系规定了仲裁程序的程序性要求。国内法律可能规定了仲裁程序的具体程序,包括仲裁请求的提出、仲裁庭的组成、证据的提交和审查、听证会的进行等程序性要求。这些规定有助于确保仲裁程序的公正、透明和有序进行。仲裁法律体系还规定了仲裁庭的组成和程序。根据国内法律规定,仲裁庭可能由一名或多名仲裁员组成,这些仲裁员必须具备一定的资格和经验要求。同时,仲裁庭必须依法组成,并按照法律规定进行程序,以确保裁决的合法性和效力。

二、行政法律体系

在国际贸易争端中,政府机构扮演着至关重要的角色,国内法律体系对政府机构在贸易争端解决中的职责和权限进行了规定,以确保政府在贸易争端解决中的合法性和有效性。

国内法律体系规定了政府机构在贸易争端解决中的职责。政府机构可能被授权处理贸易争端案件的调查、调解、裁决等工作,以确保贸易争端得到及时、公正和有效的解决。这些规定有助于确保政府在贸易争端解决中的积极参与和协调作用。

国内法律体系规定了政府机构在贸易争端解决中的权限。政府机构可能被赋予一定的权力和权限,以便在贸易争端解决中行使其职责。这些权限可能包括对贸易争端案件进行调查、裁决、执行等方面的权力,以确保政府在贸易争端解决中的权威性和有效性。

国内法律体系还规定了政府机构在贸易争端解决中的程序。在处理贸易争端案件时，政府机构必须按照法律程序和规定进行操作，确保贸易争端解决的公正性和合法性。这些规定有助于维护国际贸易秩序的稳定性和可靠性。

三、司法法律体系

国内法律体系涵盖了司法程序，司法机构在国际贸易争端解决中扮演着重要角色。相关法律规定包括法院对仲裁裁决的认可和执行程序、司法机构在国际贸易争端解决中的职责等。这些规定有助于确保司法机构在贸易争端解决中的合法性和有效性，维护国际贸易秩序的稳定性和可靠性。国内法律体系规定了法院对仲裁裁决的认可和执行程序。根据法律规定，仲裁裁决在一定条件下可以被法院认可并执行。法院可能会对仲裁裁决进行审查，确保其符合法律规定，然后发出执行令，要求当事人履行裁决。这些规定有助于确保仲裁裁决的有效性和执行性。

国内法律体系规定了司法机构在国际贸易争端解决中的职责。司法机构可能会被授权处理贸易争端案件，包括对争端案件的审理和裁决。在处理贸易争端案件时，司法机构必须依法行使职权，确保贸易争端得到公正、合法和及时的解决。这些规定有助于维护国际贸易秩序的稳定性和可靠性。国内法律体系还规定了法院在国际贸易争端解决中的程序。在处理贸易争端案件时，法院必须按照法律程序和规定进行操作，确保贸易争端解决的公正性和合法性。这些规定有助于维护国际贸易秩序的稳定性和可靠性。

四、执行法律体系

在解决国际贸易争端的过程中，执行法律体系是确保仲裁裁决或协议得到有效执行的重要保障。国内法律体系通常包括相关的执行程序和机构，以确保仲裁裁决或协议的有效执行，维护国际贸易秩序的稳定性和可靠性。执行法律体系规定了仲裁裁决或协议的执行程序。根据国内法律规定，执行程序可能包括申请执行、执行裁决或协议的程序、执行费用的承担等方面的规定。执行程序的建立和健全，有助于确保仲裁裁决或协议得到及时、有效的执行。

执行机构可能包括法院、行政机构或专门的执行机构。这些机构负责处理执行申请、监督执行程序、执行裁决或协议等工作,确保执行程序的顺利进行和执行结果的有效性。执行法律体系还规定了执行程序中的相关权利和义务。执行程序中的相关权利可能包括当事人的申请权、证据保全权等,执行程序中的相关义务可能包括执行机构的义务、当事人的配合义务等。这些规定有助于保障当事人的合法权益,确保执行程序的公正和有效。

五、法律援助和协助体系

在解决国际贸易争端的过程中,法律援助和协助体系是国内法律体系的重要组成部分,旨在为当事人提供必要的法律支持,帮助他们解决贸易争端,维护自身权益,促进国际贸易的健康发展。在国际贸易争端中,当事人可能面临复杂的法律问题,需要专业的法律意见和建议。法律援助体系通过向当事人提供法律咨询和指导,帮助他们了解自身权利和义务,制定有效的解决方案。

法律援助体系协助当事人起草法律文件。在解决国际贸易争端的过程中,当事人可能需要起草各种法律文件,如诉状、答辩书、证据材料等。法律援助体系可以协助当事人起草这些文件,确保其符合法律要求,提高解决贸易争端的效率和成功率。法律援助体系还可以为当事人提供诉讼代理服务。在一些情况下,当事人可能需要代理律师出庭参与诉讼程序。法律援助体系可以为当事人提供诉讼代理服务,确保他们在诉讼过程中的权益得到充分保障。

第二章 国际贸易争端解决的主要机构和规则

第一节 WTO争端解决机构

一、机构设置

（一）WTO争端解决机构

1. 机构概况

WTO争端解决机构是一个关键机构，负责处理与WTO协定和协议有关的争端。WTO争端解决机构由争端解决理事会和争端解决小组组成，旨在通过独立、公正的程序解决各成员之间的贸易争端。这一机构在维护全球贸易体系的稳定性和可预测性方面发挥着重要作用。WTO争端解决机构的核心是争端解决理事会。争端解决理事会由所有WTO成员组成，负责监督争端解决程序的运作。争端解决理事会的职责包括批准争端解决小组和上诉机构的报告，并确保争端解决程序的透明度和公正性。争端解决理事会的工作体现了WTO成员对于维护贸易体系规则和原则的承诺。WTO争端解决机构的核心程序是争端解决小组。争端解决小组由争端双方共同同意的成员组成，负责审理争端案件并做出裁决。小组的裁决可以根据WTO协定进行上诉，最终由上诉机构做出最终裁决。争端解决小组的工作旨在确保争端案件得到公正、及时和有效的解决，维护WTO成员的权利和义务。

2. 作用

解决国际贸易争端是WTO的核心职能之一，其主要通过调解、仲裁等方式来实现。这些机制的作用在于确保各成员在国际贸易中遵守 WTO 的规则，从而维护和促进全球贸易体系的稳定和发展。下面将从不同角度来论述这些机制的作用。

调解是一种非正式的争端解决方式，通过调解可以使各方在争端解决过程中达成协议，避免争端进一步升级和扩大。调解通常由独立的第三方进行，其作用在于促使争端各方进行对话，寻求共同利益，从而达成争端解决方案。调解的灵活性和高效性使其成为解决贸易争端的重要手段。

仲裁是一种较为正式的争端解决方式，通过仲裁可以在较短时间内做出具有约束力的裁决，从而解决争端。仲裁裁决具有最终性和强制执行性，各成员必须遵守仲裁裁决，确保争端得到解决。仲裁机制的作用在于通过公正、独立的仲裁机构来解决争端，维护国际贸易秩序的稳定性和可预测性。争端解决机构还可以通过促进争端各方的合作和协商来解决贸易争端。争端解决机构提供了一个平台，使各成员可以在公平、透明的环境中就争端进行协商和对话，寻求争端解决方案。争端解决机构的作用在于通过促进争端各方之间的沟通和合作，解决贸易争端，维护国际贸易秩序的稳定性和可预测性。

3. 特点

解决国际贸易争端的 WTO 争端解决机构具有多种特点，包括强制性、透明度高、程序规范等。这些特点使得 WTO 争端解决机构成为维护国际贸易秩序的重要工具。一旦争端各方无法通过谈判达成解决方案，WTO 争端解决机构可以提供一个最后的解决途径。仲裁裁决具有最终性和强制执行性，各成员必须遵守裁决，确保争端得到解决。这种强制性保证了争端解决机构的有效性和权威性，促进了争端解决的实施和执行。

争端解决机构的程序公开透明，各成员可以全程参与争端解决的过程，了解争端解决的进展和结果。争端解决机构的高透明度保证了争端解决的公正性和公开性，增强了各成员对争端解决机构的信任和认可。争端解决机构设立了一系列的程序规定，包括争端解决的时间表、证据提交和听证程序等，确保争端解决的程序合法、公正和规范促进了争端解决的顺利进行。

争端解决机构由争端解决小组、上诉机构和争端解决秘书处组成。

（二）争端解决小组

争端解决小组是 WTO 争端解决机构的核心组成部分，其成员由当事成员指定的专家组成，通常由三名专家组成。其中一名专家来自每个当事成员，第三名专家则由双方协商选定或由 WTO 总干事挑选。争端解决小组的职责包括审理争端案件，就争端案件进行调查、听取证据和辩论，并最终提出报告。

以下是对争端解决小组的职责和工作流程的详细描述。争端解决小组首先会收到 WTO 成员提交的争端申诉。一旦争端解决小组组成，其成员将开始审理案件。在审理案件的过程中，争端解决小组将进行调查，包括收集相关证据和听取各方的陈述。此外，争端解决小组可以邀请专家或第三方意见，并可以就案件事实和法律问题向各方提问。

在听取证据和辩论之后，争端解决小组将就案件问题进行讨论，并达成一致意见。最终，争端解决小组将就案件发布报告，其中包括对案件事实和法律问题的分析、结论和建议。争端解决小组的报告是根据一致性原则达成的，即所有成员都同意报告内容。在争端解决小组发布报告后，报告将提交给争端双方和其他 WTO 成员。在报告发布之后，争端双方可以选择是否接受报告。如果争端双方接受了报告，那么报告的建议将成为最终裁决。如果任何一方不接受报告，那么争端将进入上诉阶段，由上诉机构审理。

（三）上诉机构

上诉机构是 WTO 争端解决机构的重要组成部分，其成员由七名独立专家组成，每人任期四年，可连任。上诉机构的主要职责是审理对争端解决小组报告的上诉，并就上诉案件做出最终裁决。以下是对上诉机构的组成、职责和工作流程的详细描述。上诉机构的成员是由 WTO 成员的政府间委员会选出的，选出的成员必须具有高水平的法律和贸易知识，并具有独立性。上诉机构的成员通常来自不同的国家，以确保代表多种利益和观点。

上诉机构独立于争端解决小组，其任务是审理对争端解决小组报告的上诉。当争端双方对争端解决小组的报告有异议时，他们可以向上诉机构提出上诉。上诉机构将对争端解决小组的报告进行全面审查，包括对法律和事实问题的审查。在审理上诉案件时，上诉机构将听取双方的陈述和证据，并进行独立的法律分析。上诉机构的裁决是最终的，对于当事成员具有约束力。如果任何一方不遵守上诉机构的裁决，另一方可以采取措施，如要求批准对违规方征收关税等。

（四）争端解决秘书处

争端解决秘书处是 WTO 争端解决机构的重要组成部分，其主要职责是协助争端解决小组和上诉机构的工作，并负责争端解决机构的日常管理和运作。争端解决秘书处的领导由 WTO 秘书长指定的专员担任。这位专员负责领导争端解决秘书处的工作，并协调各项任务的执行。争端解决秘书处的工作人员通常由来自各个成员的专业人士组成，他们具有丰富的贸易和法律知识。

争端解决秘书处的主要职责之一是提供必要的技术支持和文件管理。在争端解决过程中，大量的文件和信息需要被处理和管理。争端解决秘书处负责组织这些文件和信息，并确保它们能够及时传达给相关方。争端解决秘书处还协助争端解决小组和上诉机构的工作。例如，争端解决秘书处可能会协助安排听证会和会议，提供技术支持，并就案件事实和法律问题提供意见。争端解决秘书处的工作是为了确保争端解决机构能够高效地运作，有效地处理争端案件。

二、争端解决程序

争端解决程序包括咨询、调解、争端解决小组审理和上诉等阶段。成员可在争端解决程序中提出申诉，要求对涉嫌违反 WTO 规则的行为进行调查和裁决。

（一）咨询阶段

在国际贸易中，解决争端是维护公平贸易秩序和促进贸易自由化的重要一环。根据《世界贸易组织协定》，成员在提起争端之前，通常应经历一个咨询阶段。这一阶段旨在通过对话和协商解决争端，避免冲突进一步升级。根据 WTO 的规定，受影响的成员在发现其他成员的贸易政策或行为损害其利益时，应当首先进行咨询。咨询可以直接进行，也可以通过争端解决机构进行。直接咨询通常意味着成员之间直接进行对话，探讨解决争端的可能途径。通过争端解决机构进行咨询，则意味着成员将问题提交给争端解决机构，由争端解决机构协助双方进行咨询和协商。

咨询阶段的主要目的是寻求解决争端的可行途径。在咨询过程中，双方可以提出自己的主张和要求，同时倾听对方的意见和建议。双方可以就问题的实质性和程序性进行讨论，努力找到解决争端的共同基础。咨询阶段还可以为双方提供更多了解彼此立场和利益的机会，有助于缓解紧张局势，寻求双赢解决方案。咨询阶段并非总能顺利解决争端。如果经过一段合理时间的咨询仍未达成协议，受影响的成员可以向争端解决机构提交请求，启动正式的争端解决程序。在正式程序中，争端解决机构将组成争端解决小组，并根据《争端解决谅解备忘录》的规定，对争端进行调查和裁决。最终裁决结果对相关成员具有法律约束力，需要遵守并执行。

（二）调解阶段

在解决国际贸易争端的过程中，调解作为一种协商解决争端的方式发挥着重要作用。当咨询未能解决争端时，受影响的成员可以选择请求调解，以寻求第三方的帮助达成解决方案。调解是一种自愿性的解决争端方式。在调解阶段，第三方调解员将协助双方成员就争端的实质性问题进行协商和谈判，旨在达成一个可接受的解决方案。调解的过程通常包括双方提交书面材料、召开听证会、进行口头陈述和提供证据等步骤。调解员在这一过程中是中立、公正的角色，帮助双方寻找共同利益，化解分歧。受影响的成员可以选择接受或拒绝调解结果。如果双方同意接受调解结果，调解结果将成为解决争端的依据，并应尽快执行。如果一方或双方不接受调解结果，则可以继续通过其他方式解决争端，如进入争端解决小组程序或进行仲裁。

调解在国际贸易争端解决中具有多方面的作用。调解有助于减少争端解决过程中的时间和成本。相比于争端解决小组程序或仲裁，调解通常更为迅速和经济高效。调解有助于保持双方的关系和谐。通过调解，双方可以在相对轻松的氛围下进行协商，有利于维护双方的合作关系。此外，调解有助于促进贸易自由化和公平贸易。通过解决争端，调解有助于消除贸易壁垒和不公平贸易行为，促进贸易的自由和公平。

（三）争端解决小组审理阶段

在国际贸易争端解决机制中，如果调解未能解决争端，受影响的成员可以选择将争端提交至争端解决小组进行审理。争端解决小组由当事成员指定的专家组成，负责审理争端案件，调查事实、听取证据、进行辩论，并最终提出报告。争端解决小组的组建是根据《争端解决谅解备忘录》的规定进行的。根据《争端解决谅解备忘录》的规定，争端解决小组应当在争端解决机构的主持下组建，由当事成员就争端案件共同协商确定专家名单，并经双方同意后组成争端解决小组。争端解决小组的专家应当具有专业知识和经验，能够客观公正地审理争端案件。

争端解决小组将召开首次会议，确认案件事实和争端纠纷的具体内容，并确定审理日程。双方当事成员将提交书面陈述和证据。争端解决小组将就提交的书面材料进行审议，并可能要求双方提供进一步的解释或补充资料。争端解决小组将召开听证会，听取双方的口头陈述和证人证词。争端解决小组将根据调查和听证会的结果，编制报告，表明自己的裁决和建议。

争端解决小组的报告对相关当事成员具有法律约束力。根据《争端解决谅解备忘录》的规定，争端解决小组的报告应当在机密性的前提下向争端解决机构提交，并由争端解决机构对报告进行采纳或拒绝。如果争端解决小组的报告被采纳，相关当事成员应当采取必要措施执行报告中的裁决和建议。如果争端解决小组的报告被拒绝，相关当事成员可以选择上诉至上诉机构，进一步解决争端。

（四）上诉阶段

在国际贸易争端解决机制中，上诉阶段是解决争端的重要环节。如果任何一方对争端解决小组的报告不满意，他们可以选择提起上诉，由上诉机构对争端案件进行审理并做出最终裁决。上诉机构是由七名成员组成的专家机构，负责审理上诉案件。上诉机构的成员具有高度专业化的知识和经验，能够客观公正地审理争端案件。上诉机构的成员由WTO成员选举产生，任期四年，可以连任一次。上诉机构的裁决是最终的，对相关当事方具有法律约束力。

上诉阶段的程序通常包括：①提起上诉的当事方应向上诉机构提交上诉请求，并在规定的期限内提交上诉状；②上诉机构将组成上诉庭，审理上诉案件。在审理过程中，上诉庭将对争端解决小组的报告进行审查，听取双方的意见和论证，并可能要求双方提供进一步的解释或证据；③上诉庭将根据审理的结果做出最终裁决，并将裁决通知给相关当事方和争端解决机构。上诉机构的裁决对相关当事方具有法律约束力。根据WTO规定，上诉机构的裁决应当在机密性的前提下向争端解决机构提交，并由争端解决机构采纳或拒绝。如果上诉机构的裁决被采纳，相关当事方应当采取必要措施执行裁决，并履行其义务。如果上诉机构的裁决被拒绝，争端解决小组的报告原则上应当成为最终裁决。

三、裁决效力

裁决效力是指争端解决机构做出的裁决具有最终性和强制性，成员有义务履行。这一原则是国际贸易争端解决机制的基础，保证了该机制的有效性和公平性。

（一）最终性

最终性是国际贸易争端解决机构裁决的一个核心特征，它确保了裁决的权威性和有效性。一旦争端解决机构做出裁决，各方都应该接受并执行，不能再上诉或申请重新审议。这一原则的确立，为国际贸易争端的及时解决提供了重要保障。在解决国际贸易争端的过程中，时间往往是非常重要的因素。通过确立裁决的最终性，争端解决程序能够避免无谓的拖延和纠缠，有助于及时解决争端，减少对各方的不确定性和影响。

如果裁决可以被不断上诉或重新审议，就会导致裁决的执行受到影响，甚至可能被拖延或搁置。确立裁决的最终性，可以有效避免这种情况的发生，保证裁决能够得到及时有效执行。最终性还有助于维护争端解决机构的权威和公信力。如果裁决不具有最终性，就会削弱争端解决机构的权威，影响其在国际贸易争端解决中的地位和作用。通过确立裁决的最终性，可以有效维护争端解决机构的权威和公信力，提高其在国际贸易中的地位和影响力。

（二）强制性

强制性是国际贸易争端解决机构裁决的另一个重要特征，它确保了裁决的执行和效力。一旦争端解决机构做出裁决，各成员都有义务履行裁决结果，不能擅自不执行。这一原则的确立，是国际贸易争端解决机制能够有效维护国际贸易秩序的重要保障。在国际贸易争端中，裁决的执行是解决争端的关键。确立裁决的强制性，可以确保裁决能够得到及时有效执行，从而维护了国际贸易秩序的稳定性和可预测性。

国际贸易规则的有效性依赖于各成员的遵守和执行。通过确立裁决的强制性，可以迫使各成员遵守裁决结果，确保其履行国际贸易规则和义务。强制性还有助于维护争端解决机构的权威和尊严。如果裁决不具有强制性，就会削弱争端解决机构的权威，影响其在国际贸易争端解决中的地位和作用。通过确立裁决的强制性，可以有效维护争端解决机构的权威和尊严，提高其在国际贸易中的地位和影响力。

（三）补充措施

在解决国际贸易争端的过程中，裁决的效力和执行是至关重要的。然而，有时候一方未必会自觉履行裁决，这时就需要采取补充措施来确保裁决得到执行。补充措施是一种重要的手段，可以迫使违规方遵守裁决并履行其义务。补充措施提供了一种有效的执行机制。在国际贸易争端中，裁决的效力在于其能够被执行。如果一方不履行裁决，另一方可以申请采取补充措施，如征收关税或其他经济制裁措施，以迫使其履行裁决。这种措施有效地解决了裁决无法执行的问题，维护了国际贸易秩序的稳定性。

补充措施有助于强化裁决的权威性和效力。一方面，裁决的效力取决于其能否得到执行。采取补充措施，可以确保裁决的执行，从而增强了裁决的权威性。另一方面，补充措施也向各成员传递了一个明确的信号，即国际贸易规则必须得到遵守，裁决必须得到执行，否则将面临制裁。补充措施还有助于维护争端解决机构的尊严和地位。争端解决机构的裁决是基于国际贸易规则和协议制定的，具有法律效力。采取补充措施，可以确保争端解决机构的裁决得到有效执行，维护了其在国际贸易争端解决中的尊严和地位。

四、存在问题和改进建议

（一）审理周期较长

争端解决机构的审理周期通常较长，这是当前国际贸易争端解决过程中普遍存在的问题之一。长期的审理周期不仅延缓了争端解决进程，还增加了各方的成本和不确定性，影响了贸易争端的及时解决。针对这一问题，有必要采取一系列措施来加速争端解决机构的审理过程。争端解决机构的审理程序相对复杂，包括多轮听证、书面材料的提交和专家组成员的评审等环节，这些环节导致了审理周期的延长。因此，可以通过简化听证程序、精简书面材料的提交要求等方式来简化审理程序，从而加快审理速度。

当前，争端解决机构的裁决时间较长，一方面是因为专家组成员需要充分了解案件事实和适用法律；另一方面是因为专家组成员之间可能存在意见分歧，导致裁决结果的推迟。为了缩短裁决时间，可以考虑增加专家组成员的数量，提高其工作效率，同时加强专家组成员之间的沟通和协调，避免意见分歧对裁决结果的影响。提供更有效的案件管理机制也是改善争端解决机构审理周期的关键。当前，争端解决机构在案件管理方面存在一些问题，如案件排期不及时、审理过程中的问题未能及时解决等，这些问题也导致了审理周期的延长。因此，可以通过建立更加灵活的案件管理机制，及时解决审理过程中的问题，从而提高审理效率、缩短审理周期。

（二）成本较高

争端解决机构的高成本是当前国际贸易争端解决过程中的另一个重要问题。参与争端解决机构需要支付律师费用、专家费用等一系列费用，这对一些发展中国家和中小企业来说是一个负担。为了解决这一问题，可以采取一些措施来降低参与成本，从而促进更多国家和企业参与争端解决机构的活动。可以提供更多的财政支持或资金援助来降低参与成本。当前，由于资金有限，一些发展中国家和中小企业难以承担争端解决机构的高昂费用，因此可以通过国际组织或发达国家提供财政支持或资金援助的方式来帮助它们支付费用，降低参与成本。

可以采取措施来降低律师费用和专家费用等间接成本。例如，可以建立专门的争端解决机构律师和专家库，通过竞争性招标等方式来选择律师和专家，从而降低其费用。此外，可以通过简化律师和专家的报酬机制，如设立统一的费用标准等方式来降低成本。可以通过促进争端解决机构的透明度和效率来降低参与成本。当前，争端解决机构的运作过程相对封闭，信息不对称且效率较低，这也导致了成本的增加。因此，可以通过加强信息公开和透明度，提高机构的效率，从而降低参与成本。

（三）程序复杂

争端解决机构的程序复杂性是当前国际贸易争端解决过程中的一个显著问题。参与争端解决需要遵循一系列复杂的程序，包括提交文件、召开听证会等环节，这不仅增加了参与者的负担，还增加了误解和争议的可能性。为了解决这一问题，可以采取一些措施来简化程序，提供更清晰的指导，使参与者更容易理解和遵循。当前，争端解决机构要求参与者提交大量的文件，包括事实陈述、证据材料等，这增加了参与者的工作量和成本。因此，可以通过简化文件提交要求，如减少重复材料的提交、简化格式要求等方式来降低程序复杂性，提高参与者的操作效率。

当前，争端解决机构的指导文件可能存在不明确或模糊的情况，导致参与者难以理解和遵循。为了解决这一问题，可以加强对指导文件的解释和说明，提供更具体、更清晰的指导，使参与者能够更容易理解和遵循程序要求。加强对参与者的培训和支持也是简化程序的有效途径。当前，一些参与者可能缺乏对争端解决程序的了解，导致操作不当或错误。因此，可以通过加强对参与者的培训和支持，提高他们对程序的理解和掌握程度，从而减少误解和争议的发生。

（四）执行不力

在当前国际贸易争端解决机构中，存在着裁决结果未能得到有效执行的问题，一些成员未能履行裁决结果，这影响了争端解决机构的权威性和有效性。为了解决这一问题，可以采取一系列措施来加强执行力度，建立更有效的执行机制，确保裁决结果得到及时执行。当前，一些成员未能履行裁决结果，部分原因是缺乏有效监督和督促机制。因此，可以通过建立专门的监督机构或加强现有机构的监督职能，对成员的执行情况进行监督和督促，确保裁决结果得到及时执行。

当前，争端解决机构的执行机制相对薄弱，导致裁决结果难以得到有效执行。因此，可以通过建立更加有效的执行机制，如设立专门的执行机构或加强现有机构的执行职能，确保裁决结果得到及时有效的执行。加强对裁决结果的宣传和公开也是提高执行力度的重要途径之一。当前，一些成员未能履行裁决结果的部分原因是对裁决结果的认识不足或存在误解。因此，可以通过加强对裁决结果的宣传和公开，提高成员和社会各界对裁决结果的认识和理解，从而增强执行力度。

（五）透明度不足

当前国际贸易争端解决机构在透明度方面存在一些不足，包括一些程序和决定缺乏透明度，使人们质疑其公正性和客观性。为了解决这一问题，可以采取一系列措施来加强信息公开，提高决策的透明度，增加公众对争端解决机构的信任度。加强对争端解决机构运作过程的信息公开是提高透明度的关键。当前，一些争端解决机构的运作过程缺乏透明度，公众对其运作机制和决策过程的了解不足，这容易引发公众对其公正性和客观性的质疑。因此，可以通过加强信息公开，如公布争端解决机构的工作报告、听证会记录等，提高公众对其运作过程的了解。

一些争端解决机构的决策过程相对封闭，公众对其决策依据和原因的了解不足，容易引发质疑。因此，可以通过公开决策依据、决策原因等方式，提高决策过程的透明度，增加公众对决策的信任度。加强对争端解决机构决定的公开和解释也是提高透明度的有效途径之一。当前，一些争端解决机构的决定缺乏公开和解释，使人们质疑其决定的合理性和公正性。因此，可以通过加强对决定的公开和解释，如公布决定的理由和依据等，提高决定的透明度，增加公众对决定的认可度。

第二节 贸易协定中的争端解决规则

一、协商和调解

贸易协定通常规定，在启动正式争端解决程序之前，相关成员必须进行协商和调解。这一步骤被视为解决争端的首要方式，旨在通过对话协商解决争端，避免启动正式争端解决程序。作为一种自愿性质的谈判方式，协商和调解具有以下特点和作用。与正式的争端解决程序相比，协商和调解更加灵活，可以根据双方的意愿和情况进行调整和修改。这种灵活性使得双方更容易就争端达成一致意见，并避免了争端升级的可能性。

在贸易争端中，保持贸易伙伴关系的稳定性是非常重要的。通过协商和调解，双方可以在不伤害双方利益的前提下解决争端，从而保持贸易伙伴关系的稳定性。协商和调解有助于提高效率。正式的争端解决程序通常需要较长时间来完成，而协商和调解可以更快速地解决争端。这不仅节省了时间和资源，还有助于保持市场的稳定性和预测性。协商和调解还有助于促进双边关系的发展。在协商和调解过程中，双方需要进行有效的沟通和合作，这有助于建立信任和加深理解，从而促进双边关系的发展。

二、争端解决机构的设立和组成

贸易协定为解决争端设立了专门的机构，其设立和组成方式旨在确保公正和客观性。这些机构通常由成员国共同设立，成员国可以通过协商达成一致，也可以由协定的监督机构指定。争端解决机构的设立体现了成员国对解决争端的共同意愿。通过设立专门的机构来解决争端，成员国表明了他们希望通过协商和合作解决贸易争端的意愿，这有助于维护贸易体系的稳定性和可预测性。争端解决机构的组成应当具有公正性和客观性。为了确保争端解决过程的公正性和客观性，争端解决机构的组成通常采取多边的方式，包括成员国和中立成员。这样的组成结构有助于避免利益冲突和偏见，从而确保争端解决过程的公正性和客观性。

争端解决机构的组成应当具有专业性。为了有效解决贸易争端，争端解决机构的组成通常包括具有相关专业知识和经验的成员，如贸易法律专家和经济学家。这样的组成有助于提高争端解决机构的解决争端的能力和效率。争端解决机构的组成应当具有透明性。为了确保争端解决过程的公开和透明，争端解决机构通常会公开听证会和裁决结果，以便各方了解解决争端的过程和结果。

三、争端解决的程序

争端解决的程序在贸易协定中具有重要地位，其规定的清晰明确性对于保障各方权利至关重要。申请阶段是争端解决的起点，申请方需向相关机构提交申请，并说明其诉求和理由。在被申请方提交答辩之后，通常会进行听证环节，听证会为双方提供表达意见和证据的机会，有利于裁决机构了解争端的具体情况。裁决是解决争端的关键环节，裁决机构会根据贸易协定和相关法律做出裁决，裁决结果具有法律约束力，需要各方遵守。整个程序应当严格按照规定进行，以确保争端得到公正解决，维护贸易秩序的稳定性和可预测性。

在申请阶段，申请方需要详细说明争端的事实和法律依据，确保申请内容的明确性和具体性。在答辩阶段，被申请方应当对申请方的诉求进行回应，并提出自己的观点和理由，确保双方平等地表达意见。听证环节是双方展示证据和辩论的重要环节，通过听证可以更好地了解双方的主张，并有助于裁决机构做出公正裁决。在裁决阶段，裁决机构应当依据贸易协定和相关法律做出公正裁决，确保裁决结果的合法性和公正性。整个程序应当注重程序的合法性和公正性，保障各方的权利得到充分保障，维护贸易秩序的稳定性和可预测性。

四、裁决的执行

一旦争端解决机构做出裁决，各成员国都有责任确保裁决的执行。裁决的执行程序包括多个环节，其目的是保障裁决的有效执行，维护贸易秩序的稳定性和可预测性。裁决的执行程序需要各成员国充分履行其义务。贸易协定规定了成员国在裁决的执行方面的具体义务，包括尽快履行裁决、采取必要措施确保裁决的执行等。各成员国应当遵守协定规定，积极履行自己的义务，确保裁决能够得到有效执行。

如果有成员国未能履行裁决，其他成员国可以采取措施迫使其履行裁决。这些措施包括向争端解决机构报告未履行裁决的情况，要求争端解决机构采取进一步行动，如对违反裁决的成员国实施制裁等。这些措施的目的是促使成员国遵守裁决，确保贸易协定的有效执行。裁决的执行程序还包括监督和评估裁决执行情况的机制。贸易协定规定了监督和评估裁决执行情况的具体程序，包括定期向协定机构报告执行情况、对执行情况进行评估等。这些机制的建立有助于监督裁决的执行情况，确保裁决得到有效执行。

五、透明度和公正性

透明度和公正性是贸易协定中争端解决机构工作的重要原则，旨在确保争端解决机构的程序和决定对各成员国公开透明，维护争端解决的公正性和客观性，促进国际贸易的健康发展。

透明度是争端解决机构工作的基本要求。贸易协定规定了争端解决机构的工作应当公开透明，包括公开听证、裁决文书等。公开透明的工作程序可以增加争端解决的公正性和可信度，让各成员国和相关利益方了解争端解决的过程和结果，避免不必要的猜疑和误解，提高争端解决的效率和效果。

贸易协定规定了争端解决机构应当在处理争端时秉持公正、客观、独立的原则，不偏不倚地对待各成员国。争端解决机构应当根据贸易协定和相关法律做出裁决，确保裁决的公正性和合法性，维护贸易秩序的稳定性和可预测性。透明度和公正性还包括争端解决机构的成员组成和任职程序。贸易协定规定了争端解决机构成员应当具有独立性和专业性，任职程序应当公开透明，避免利益冲突和不当干预，确保争端解决机构的工作能够得到各成员国和相关利益方的信任和尊重。

六、期限和时效性

期限和时效性是贸易协定中争端解决机制的重要要求，旨在保障争端解决得及时性和效率，避免争端长时间悬而未决，影响贸易秩序和成员国利益。

根据贸易协定的规定，争端解决机构应在一定的期限内完成对争端的处理，确保争端能够及时解决。这种期限的设定有助于促使各方高度重视争端解决工作，尽快解决争端，避免争端拖延过长，影响贸易秩序和成员利益。

时效性要求意味着争端解决应当在合理的时间内完成，避免因争端长时间未解决而导致的贸易不确定性和损失。贸易协定规定了争端解决机构应当在一定的时间内做出裁决，确保争端解决的及时性和效率。时效性还包括对裁决的执行要求。一旦争端解决机构做出裁决，各成员应当在合理的时间内履行裁决，确保裁决的有效执行。时效性要求有助于维护争端解决的效率和效果，促进贸易顺畅进行，维护贸易秩序的稳定性和可预测性。

第三节 国际商会仲裁和国际法院解决贸易争端

一、国际商会仲裁解决贸易争端

国际商会仲裁是解决国际商事纠纷的一种常用方式，特别适用于国际贸易纠纷。

（一）仲裁的权威性和有效性

在国际贸易中，由于涉及跨国交易、不同国家法律体系和文化背景的差异，贸易纠纷的解决显得尤为重要。作为一种广泛接受的争端解决方式，国际商会仲裁在权威性和有效性方面发挥着重要作用。作为全球性商业组织，国际商会汇聚了各国商界的精英和专家，其仲裁裁决具有较高的权威性。这是因为国际商会在全球范围内拥有广泛的国际认可和影响力，其仲裁裁决被公认为具有高度的专业性和公正性。在贸易争端中，各方往往会尊重和接受国际商会的裁决，这有助于确保争端得到有效解决，维护贸易的公平和稳定。国际商会仲裁的裁决在全球范围内执行力强,被认为是一种有效的纠纷解决机制。经过长期实践和完善,国际商会的仲裁规则和程序能够较好地适应不同类型和规模的贸易纠纷。与传统的诉讼程序相比,国际商会仲裁更加灵活和高效,有助于缩短争端解决的时间,降低解决成本,提高解决效率。

(二) 仲裁的灵活性和快速性

国际商会仲裁相对于传统的诉讼程序更加灵活,双方可以自行选择仲裁员、语言和地点,使解决贸易争端更加便捷高效。国际商会仲裁通常能够在较短的时间内做出裁决,有助于避免贸易争端长时间拖延,对商业活动的影响较小。

(三) 仲裁的保密性和商业敏感性

在国际商事仲裁中,保密性和商业敏感性是至关重要的因素,对于吸引各方选择仲裁解决争端具有重要意义。相比之下,诉讼程序通常是公开的,这可能导致商业秘密和敏感信息的泄露,损害商业关系。因此,国际商会仲裁过程的高度保密性为当事人提供了一个相对私密的解决争端的平台。在仲裁过程中,当事人可以在相对私密的环境中交换证据和陈述观点,而不必担心商业秘密被披露。这对于企业而言至关重要,因为商业秘密往往是企业的核心竞争力之一。如果商业秘密被泄露,将可能导致企业面临严重的竞争挑战,甚至可能导致企业破产。因此,通过选择仲裁解决争端,当事人可以更好地保护其商业秘密,确保其竞争优势不受损害。在商业活动中,企业之间往往建立了复杂的商业关系网络。如果争端公开审理,可能会对这些商业关系造成损害。通过选择仲裁解决争端,当事人可以在相对私密的环境中解决争端,避免了争端对商业关系的负面影响。这有助于维护商业关系的稳定性和持续性,对于企业的长期发展至关重要。

(四) 国际商会的专业性和经验

作为全球商业领域的重要组织,国际商会拥有丰富的仲裁经验和专业知识,为解决各类复杂的国际贸易纠纷提供了可靠的平台。国际商会仲裁机构设有专门的仲裁庭和秘书处,致力于提供高质量的仲裁服务,有力地促进了国际贸易的发展和稳定。作为全球最大的仲裁机构之一,国际商会拥有超过一个世纪的仲裁经验,积累了大量的案例经验和专业知识。这使国际商会能够有效地应对各种复杂的贸易纠纷，包括合同纠纷、股权纠纷、知识产权纠纷等，为当事人提供了高效、专业的仲裁服务。国际商会的仲裁庭由来自世界各地的专业仲裁员组成，具有丰富的法律知识和实践经验。这些仲裁员被认为是该领域的专家，能够公正、独立地审理案件，并根据国际商法和国际惯例做出公正的裁决。同时，国际商会的秘书处是一支高效专业的团队，能够为仲裁庭和当事人提供全面的支持和服务，确保仲裁程序的顺利进行。

（五）仲裁裁决的执行

国际商会的仲裁裁决在全球范围内得到广泛承认和执行，这主要归功于国际商会的权威性和专业性。国际商会的仲裁裁决基于国际商法和国际惯例，经过仲裁庭公正审理和裁决，具有高度的法律效力和公信力。因此，当事人通常会遵守仲裁裁决，并主动履行裁决所涉及的义务。

在执行仲裁裁决方面，国际商会为当事人提供了便利和支持。国际商会的仲裁裁决可以根据《承认及执行外国仲裁裁决公约》等国际公约在全球范围内得到承认和执行。当事人可以通过国际商会提供的执行支持服务，包括执行指南和执行辅助等，促使对方履行仲裁裁决。这些服务有助于确保仲裁裁决的有效执行，维护了仲裁制度的权威性和可靠性。然而，尽管国际商会的仲裁裁决得到广泛承认和执行，但在实际执行过程中仍可能面临一些挑战。其中包括执行程序的复杂性、当事人资产的隐匿性及执行成本的高昂等问题。为了应对这些挑战，国际商会积极倡导各国政府加强对仲裁裁决的执行支持，同时不断改进执行支持服务，提高执行效率，为当事人提供更加便捷和有效的执行途径。

二、国际法院解决贸易争端

（一）法律适用的权威性

在解决贸易争端时，国际法院法律适用的权威性体现在多个方面，这些方面共同为国际贸易提供了可靠的法律保障和指导。国际法院可以依据国际法和相关国际公约对纠纷进行裁决。国际法是各国之间共同遵守的法律规范，其具有普遍适用性和约束力。在解决贸易争端时，国际法院可以参考和适用国际法和相关公约的规定，确保裁决符合国际法律准则，具有法律约束力。这为当事人提供了明确的法律依据，有助于解决争端并保障各方的权利和义务。

国际法院是独立的国际司法机构，其裁决具有高度的权威性和公信力。国际法院的裁决不受任何国家或政治势力的影响，完全基于法律和事实，保障了裁决的公正性和公平性。因此，国际法院的裁决被认为是权威的法律解释和指导，为国际社会和贸易主体提供了可靠的法律依据。国际法院的裁决为国际社会和贸易主体提供了明确的法律解释和指导。国际贸易涉及多个国家和地区，涉及的法律和法规繁杂。国际法院的裁决可以为各方提供明确的法律解释和指导，帮助各方理解和遵守国际法律准则，规范国际贸易行为，维护贸易秩序。

（二）争端解决的公正性

作为一个独立的第三方裁决机构，国际法院在解决国际贸易争端中扮演着至关重要的角色。其独立性保证了对各方争端的公正、客观处理，有效地维护了争端解决的公正性和公平性。通过依据法律和客观事实做出裁决，国际法院有效地避免了双方因国家利益或政治因素而对裁决结果产生影响，确保了贸易争端的公正解决。作为一个独立于国家的法律机构，国际法院能够独立于各国政府和利益团体，不受外部政治压力的影响，从而能够更加客观、公正地对待各方的争端。这种独立性保证了法院裁决的客观性和中立性，有效地维护了争端解决的公正性。国际法院的裁决依据法律和客观事实，避免了裁决受到政治因素的干扰。

在审理贸易争端时，国际法院通常会依据相关的国际法和贸易协定，以及客观的事实和证据做出裁决，而不受到国家利益或政治因素的影响。这种基于法律和客观事实的裁决，保证了裁决的公正性和合理性，避免了政治因素对裁决结果的影响，确保了贸易争端的公正解决。

（三）解决跨国争端的能力

解决跨国争端是国际法院的一项重要功能，其具有跨国辖区的司法管辖权，能够有效地解决跨国贸易争端，包括各种跨境贸易纠纷和合同履行问题。国际法院的裁决在跨国争端解决中发挥着至关重要的作用，为跨国企业和国际贸易主体提供了更加稳定和可靠的法律环境，促进了国际贸易的发展和合作。国际法院具有跨国辖区的司法管辖权，能够有效地解决跨国贸易争端。跨国贸易往往涉及多个国家之间的法律制度和文化差异，容易引发各种纠纷和合同履行问题。作为一个独立的裁决机构，国际法院具有对跨国争端的司法管辖权，能够根据国际法和相关法律对跨国贸易争端进行裁决，确保了争端的公正解决。国际法院的裁决为跨国企业和国际贸易主体提供了稳定和可靠的法律环境。国际法院的裁决具有权威性和约束力，能够有效地维护合同当事人的权益，保障合同的履行和执行。这种稳定和可靠的法律环境为跨国企业和国际贸易主体在国际贸易中的合作提供了保障，促进了国际贸易的发展和合作。

（四）维护国际法和国际秩序

国际法院通过对贸易争端的裁决，有助于维护国际法和国际秩序，促进了各国之间的合作和友好关系。国际法院的裁决具有权威性和约束力，能够促使各国遵守国际法和国际公约的规定，加强国际法律体系的建设，推动了国际社会的发展和进步。国际法院的裁决促使各国遵守国际法和国际公约的规定。在解决贸易争端时，国际法院通常会根据相关的国际法和国际贸易协定做出裁决，要求各方遵守裁决结果。这种对国际法的维护和执行，有助于巩固国际法律体系，促进各国之间的合作和交流。国际法院的裁决具有权威性和约束力，能够填补国际法律体系的空白，为国际法的完善和发展提供了重要参考。这种法律体系的建设，有助于规范国际社会的行为，推动国际社会向着更加公正、合理的方向发展。

第四节 其他国际争端解决机构和规则

一、其他国际争端解决机构

（一）国际法庭

作为处理国际争端的重要机构之一，国际法庭承担着依据国际法解决国家间争端的责任，其判决具有法律约束力，对维护国际法律的权威和尊严至关重要。

国际法庭的主要特点包括公正性、独立性和专业性，这些特点使其能够有效地审理案件并做出公正的裁决。国际法庭的裁决必须基于国际法的原则和规定，而非受到个别国家或政治势力的影响。这种公正性保证了国际法庭的裁决在国际社会中的合法性和权威性，为国际社会的和平与发展提供了重要保障。

国际法庭独立于任何国家或政治势力，其法官由各国推荐但代表个人而非国家利益。这种独立性确保了国际法庭能够独立地行使其职责，审理并裁决各类国际争端，维护国际法的权威和尊严。国际法庭的法官通常具有丰富的国际法和国际关系背景，具备处理各类国际争端所需的专业知识和技能。这种专业性使国际法庭能够准确理解和适用国际法，做出具有法律约束力的裁决。通过审理案件并做出裁决，国际法庭维护了国际法律的权威和尊严。国际法庭的裁决不仅对当事国具有法律约束力，还对其他国家和国际社会具有示范作用，促进了国际法的发展和完善。

（二）国际刑事法院

国际刑事法院是一个独立的国际刑事司法机构，负责处理个人犯下的最严重的国际刑事犯罪。国际刑事法院的设立旨在维护国际法的权威性和有效性，保障全球公正和持久的和平。

国际刑事法院的管辖范围包括战争罪、种族灭绝罪、人道主义罪、侵犯人类罪等最严重的国际刑事犯罪。这些罪行严重侵犯人权，破坏国际和平与安全，危害全人类的利益。国际刑事法院的设立旨在惩治这些最严重的犯罪行为，维护国际社会的公正和正义。

国际刑事法院的裁决具有法律约束力，各成员必须遵守国际刑事法院的裁决。国际刑事法院的裁决不但对被告个人具有约束力，而且对国家和国际社会具有示范作用，能够促进国际刑事司法的发展和完善。国际刑事法院的裁决可以有效惩治国际犯罪分子，维护国际法的权威性和有效性。国际刑事法院的裁决程序通常包括起诉、审判和执行等阶段。在审判过程中，国际刑事法院会充分考虑各方的意见和证据，公正、公平地审判犯罪分子。国际刑事法院的审判程序严格规范，能够保障被告人的权利，确保审判的公正和公正。

（三）区域性争端解决机构

1. 欧洲人权法院

欧洲人权法院是欧洲人权公约的监督机构，负责处理欧洲国家之间的人权争端。欧洲人权法院的设立旨在保护和促进欧洲人权公约所确立的基本人权和自由，维护欧洲国家之间的法律秩序和社会稳定。欧洲人权法院的裁决具有法律约束力，各欧洲国家必须遵守欧洲人权法院的裁决。欧洲人权法院的裁决不但对当事国具有约束力，而且对其他欧洲国家和国际社会也具有示范作用，能够促进欧洲人权公约的实施和执行。欧洲人权法院的裁决可以有效保护个人的基本人权和自由，维护欧洲国家之间的法律秩序和社会稳定。

欧洲人权法院的裁决程序通常包括申诉、审理和裁决等阶段。在审理过程中，欧洲人权法院会充分考虑各方的意见和证据，公正、公平地审理人权争端。欧洲人权法院的审判程序严格规范，能够保障当事人的权利，确保审判的公正和公正。欧洲人权法院的裁决在维护和促进欧洲人权公约所确立的基本人权和自由方面发挥着重要作用。欧洲人权法院通过裁决案件，促使各欧洲国家尊重和保护人权，加强欧洲国家之间的合作和团结。欧洲人权法院的裁决有助于维护欧洲的法律秩序和社会稳定，有助于促进欧洲人权公约的实施和执行。

2. 美洲人权法院

美洲人权法院是美洲国家的人权司法机构，负责处理美洲国家之间的人权争端。美洲人权法院成立于1979年，是美洲国家人权体系的重要组成部分，旨在保护和促进美洲地区的人权。

美洲人权法院的裁决具有法律约束力，各美洲国家必须遵守美洲人权法院的裁决。美洲人权法院的裁决不但对当事国具有约束力，而且对其他美洲国家和国际社会也具有示范作用，有助于促进美洲地区人权保护机制的建设和完善。

美洲人权法院的主要职责包括审理和裁决美洲国家之间的人权案件，监督各美洲国家履行国际人权公约的义务，提供法律咨询和解释等。法院的裁决通常是公开的，能够公正、公平地审理案件，保障当事人的权利。美洲人权法院的裁决程序通常包括申诉、审理和裁决等阶段。在审理过程中，法院会充分考虑各方的意见和证据，公正、公平地审理案件。法院的审判程序严格规范，有助于保障当事人的权利，确保审判的公正和公正。

（四）投资仲裁机构

在国际投资领域，投资仲裁机构扮演着至关重要的角色，它们负责处理各类国际投资争端，依据相关投资协定进行仲裁。这些机构的存在和运作，不仅为跨国投资提供了一种有力的争端解决机制，还为国际投资环境的稳定性与可预测性做出了积极贡献。投资仲裁机构的设立为投资者提供了一种公正、高效的争端解决机制。与传统的国际诉讼方式相比，仲裁程序更为简便迅速，仲裁庭的独立性和专业性也更有利于争端的公正裁决。例如，国际中小企业投资争端解决中心（The International Center for Settlement of Investment Disputes，ICSID）作为主要的投资仲裁机构之一，通过其专业的仲裁规则和程序，为投资者提供了一个公正、透明、高效的争端解决平台，能够有效维护投资者的合法权益。

在进行跨国投资时，投资者往往需要考虑到当地法律制度的差异及政治风险等因素，而投资仲裁机构的存在为投资者提供了一种相对稳定和可预测的法律环境。投资者可以通过投资协定规定的仲裁机构，来解决可能发生的投资争端，从而降低了跨国投资的风险，增加了投资的吸引力。仲裁程序相对简便，可以避免烦琐的诉讼程序，使投资争端得以更快速地解决，从而减少相关成本和时间成本。投资者可以更专注于其投资项目的发展和运营，而不用过多关注潜在的法律风险，有利于提高投资效率和效益。

（五）其他国际组织

国际安全争端处理是维护世界和平与稳定的重要任务，而处理这些争端的国际组织在其中扮演着至关重要的角色。除联合国安理会等知名组织外，一些其他国际组织也在处理国际安全争端方面发挥着重要作用。

国际红十字会是一个独立于国际政治的人道主义组织，其任务之一是为受到武装冲突影响的人们提供援助和保护。国际红十字会在处理冲突地区的停火和和平解决方案方面发挥着重要作用，通过其中立性和专业性，促进冲突各方的对话与谈判，为解决国际安全争端提供了宝贵的平台和机会。

上海合作组织是另一个在处理国际安全争端方面发挥作用的国际组织。上海合作组织是一个以维护地区安全与稳定为宗旨的区域性组织，其成员国地域相邻，安全利益高度相关。上海合作组织通过成员间的合作与对话，致力于推动解决地区安全争端，维护地区和平与稳定，为国际安全事务的解决提供了有益的努力。

非洲联盟也是一个在处理国际安全争端方面发挥作用的国际组织。非洲联盟致力于推动非洲各成员间的团结与合作，维护非洲地区的和平与稳定。非洲联盟通过其安全理事会等机构，积极介入非洲地区的安全事务，促进冲突各方的对话与协商，推动解决地区安全争端，为非洲地区的发展与繁荣创造了有利条件。

作为一个全球性组织，联合国在国际争端解决中发挥着至关重要的作用。联合国通过其多个机构和机制，如安全理事会、联合国大会和秘书处等，促进国际争端的和平解决，维护世界和平与安全。

安全理事会负责维护国际和平与安全，在国际争端爆发时可以通过决议等方式调解争端。安全理事会具有强大的权力，其决议具有法律约束力，有助于防止和平冲突的发生，并为争端的和平解决提供了一个重要的平台。

作为联合国的最高决策机构，联合国大会可以通过决议或提供建议等方式介入争端，为解决争端提供政治支持和指导。联合国大会的决议虽然不具有强制力，但仍然具有重要的政治影响力，可以影响国际社会的态度和行动。

秘书处也在国际争端解决中发挥着支持和协助作用。秘书处负责协调联合国各机构之间的合作，为安全理事会和联合国大会提供必要的信息和分析，协助调解争端和促进和平进程。秘书处还可以派遣特使或调解人员等专家团队，直接参与争端解决工作，为各方提供中立性和专业性的支持。

二、其他国际争端解决规则

作为一种非正式的解决争端方式，友好协商在国际关系中发挥着重要作用。在通常情况下，友好协商是在争端初期采用的一种方式，各方通过协商来寻求争端的和平解决方案，避免争端进一步升级，保持或恢复双方关系的正常。友好协商的优势在于其灵活性和效率性，有助于建立信任和促进合作。友好协商的灵活性使其适用于各种类型的争端。由于友好协商通常是在争端初期采用的，各方在此阶段往往更愿意通过对话和协商来解决问题，而不是通过更严厉的手段。通过友好协商，各方可以根据具体情况灵活调整解决方案，使其更符合双方利益，有助于达成双赢的结果。

相比于正式的诉讼或仲裁程序，友好协商通常更为简单直接，各方可以更快速地就解决方案达成一致。这种高效性有助于避免争端的持续扩大和升级，有利于维护和平与稳定。友好协商有助于建立双方之间的信任和促进合作。通过友好协商，各方可以更好地了解对方的立场和诉求，增进相互间的理解和信任，为今后的合作奠定基础。这种信任和合作的建立，有助于预防未来可能出现的争端，维护长期稳定的关系。

第三章　国际贸易争端解决的程序和流程

第一节　争端解决的程序和流程概述

一、国际贸易争端解决的程序

(一) 谈判

谈判是一种重要的争端解决方式，是指各方通过直接对话、协商达成解决方案，以寻求争端的和平解决。谈判的优势在于其灵活性和效率性，能够有利于双方迅速达成共识，从而避免争端进一步升级。在谈判过程中，各方可以自由选择参与和退出，灵活调整立场和策略，以最大限度地维护自身利益。与其他争端解决方式（如诉讼或仲裁）相比，谈判更注重双方的协商和妥协，因此更具有灵活性和可塑性。

相比于其他解决方式，谈判通常能够更快速地达成共识，并在较短时间内解决问题。这种高效性使得谈判成为处理一些紧急、复杂争端时的首选方式，有助于避免问题进一步扩大化、升级化。通过谈判，双方可以在解决争端的同时保持良好的沟通和合作关系，避免因争端而产生的负面影响。这对于长期合作关系的维护和发展至关重要。

在谈判过程中，双方可以更深入地了解对方的立场和利益诉求，有助于建立起相互尊重和信任的基础，为今后的合作奠定良好的基础。无论是国际关系、商业争端还是个人生活中的矛盾，谈判都可以作为一种有效的解决方式。谈判的灵活性和多样性使其能够适应不同领域、不同层次的争端解决需求。

(二) 调解

作为一种争端解决方式,调解是通过第三方的介入,帮助各方寻找解决争端的方案。调解的优势在于其灵活性和非强制性,能够减少争端的持续时间和成本,有利于维护双方的良好关系。调解是指通过第三方的介入,促使争端各方在争议解决上达成一致意见的过程。调解通常由专业的调解员担任,其主要职责是引导各方进行有效的沟通和协商,帮助各方找到解决争端的最佳方案。与其他争端解决方式相比,调解更注重各方的自愿和妥协,因此具有较强的灵活性和非强制性。

相比于诉讼或仲裁等其他争端解决方式,调解通常能够更快速地使争端各方达成共识,并在较短的时间内解决问题。这种高效性不仅有利于各方及时解决争端,还能够减少争端可能带来的负面影响。通过调解,双方可以在解决争端的同时保持良好的沟通和合作关系,避免因争端而产生的破坏性影响。这对于长期合作关系的维护和发展至关重要。

在调解过程中,调解员可以帮助双方更深入地了解对方的立场和利益诉求,从而建立起相互尊重和信任的基础,为今后的合作奠定良好的基础。无论是国际关系、商业争端还是个人生活中的矛盾,调解都可以作为一种有效的解决方式。调解的灵活性和多样性使其能够适应不同领域、不同层次的争端解决需求。

(三) 仲裁

作为一种争端解决方式,仲裁是由仲裁庭根据事实和法律进行裁决的过程,其裁决具有法律约束力。仲裁的优势在于能够提供公正、独立的裁决,有利于争端的迅速解决。在国际贸易中,仲裁是一种常见的争端解决方式,其重要性不可忽视。仲裁是指由独立的仲裁庭根据当事人的协议或法律规定对争端进行裁决的过程。与诉讼不同,仲裁是基于当事人的自愿选择进行的,各方自行选定仲裁员或仲裁庭,并同意遵守最终裁决结果。因此,仲裁具有强制性和法律约束力,双方必须遵守裁决结果。

仲裁的优势在于其能够提供公正、独立的裁决。仲裁庭通常由专业的仲裁员组成,他们具有丰富的法律知识和经验,能够客观、公正地对争端进行裁决。与传统的法院诉讼相比,仲裁更注重效率和专业性,能够更快速、更准确地解决争端。仲裁有利于争端的迅速解决。由于仲裁程序通常比诉讼程序简化,并且仲裁庭对案件有较高的控制权，因此仲裁通常能够在较短时间内做出裁决。这种高效性使得仲裁成为处理一些紧急、复杂争端时的首选方式，有助于避免问题进一步扩大化、升级化。

相比于诉讼等其他争端解决方式，仲裁通常更为经济实惠，可以节约各方的时间和金钱成本。这对于各方都是一种双赢的结果。在国际贸易中，仲裁是一种常见的争端解决方式。国际贸易中常见的仲裁机构包括国际商会、国际中小企业投资争端解决中心等。这些仲裁机构提供了专业的仲裁服务，能够有效地解决跨国贸易中的争端，维护各方的合法权益。

（四）诉讼

作为一种较为正式的争端解决方式，诉讼是通过向国际法院或相关法院提起诉讼来解决争端的过程。诉讼的优势在于其裁决具有法律约束力，但诉讼过程通常较为复杂和耗时。

在国际关系和商业领域，诉讼是一种重要的争端解决方式，其重要性不可低估。诉讼是指当事人通过向法院提起诉讼，要求法院根据法律规定对争议进行裁决的过程。诉讼过程通常包括起诉、答辩、证据交换、庭审等环节，最终由法院根据事实和法律做出裁决。与其他解决方式相比，诉讼具有较高的正式性和法律约束力，裁决结果具有强制执行力。

诉讼是在法院的司法管辖下进行的，其裁决具有法律效力，各方必须遵守法院的判决结果。这种法律约束力可以有效地保护当事人的合法权益，确保裁决的执行。诉讼能够提供公正、独立的裁决。法院是独立于当事人的第三方机构，其通常能够客观、公正地对争端进行裁决，保障各方的合法权益。这种公正性是诉讼的重要优势之一。

诉讼过程通常较为复杂和耗时，涉及的程序烦琐，需要耗费大量的时间和金钱。此外，诉讼过程中的法律程序和规则对当事人的要求较高，需要具备一定的法律知识和经验。

在国际关系和商业领域，诉讼是一种常见的争端解决方式。各国法院和国际法院都可以作为解决争端的机构，提供公正、独立的裁决。尤其在涉及重大利益或复杂纠纷的情况下，诉讼往往是当事人首选的解决方式之一。

二、国际贸易争端解决的流程

(一) 协商阶段

1. 直接对话

在国际贸易争端解决的过程中，直接对话是一种常见的解决方式。当事方通过直接沟通，尝试解决争端，这可能包括会谈、函电等方式。直接对话的优势在于其简单直接，能够快速促成解决方案。在发现争端后，当事方通常会首先选择通过直接对话的方式尝试解决。直接对话可以帮助各方及时了解对方的立场和意图，促进双方之间的沟通和理解，有助于快速找出解决问题的途径。相比于其他解决方式，如诉讼或仲裁，直接对话不需要经过烦琐的程序，可以直接展开沟通，快速促成解决方案。这种简单快速的特点使得直接对话成为处理一些简单争端的有效方式。

通过直接对话，双方可以在解决争端的同时保持良好的沟通和合作关系，避免因争端而产生的破坏性影响。这对于长期合作关系的维护和发展至关重要。直接对话也可以为后续解决方式的选择提供基础。如果直接对话未能解决争端，当事方可以根据对话的结果选择更进一步的解决方式，如调解或仲裁。在实际应用中，直接对话通常是解决争端的首选方式。各国政府、企业等在面对争端时，往往会首先选择通过直接对话的方式解决。通过直接对话，各方可以更快速地找出解决问题的方法，避免争端进一步扩大化、升级化。

2. 第三方协助

当直接对话未能解决国际贸易争端时，当事方可以寻求第三方协助，以促成协商达成。这种第三方协助可以来自各种渠道，包括但不限于贸易代表、外交官等。当事方在争端中往往存在利益冲突和情绪因素，难以客观地评估和解决问题。第三方的介入可以帮助各方从客观的角度看待问题，提供中立的建议和意见，有助于化解争端。

在争端中，双方可能陷入僵持状态，难以达成一致意见。第三方可以作为中间人介入，帮助双方沟通和协商，寻找解决问题的方案，从而打破僵局，促成协商达成。第三方协助有助于保护各方的利益。第三方可以帮助各方识别和保护自身的利益，在协商过程中起到平衡和调解的作用，确保各方的合法权益得到维护。第三方协助还可以提供专业的帮助和建议。第三方可能具有丰富的经验和专业知识，在解决争端时能够提供有效的解决方案和建议，有助于双方达成协商。在实际应用中，第三方协助是解决国际贸易争端的常见方式。各国政府、贸易组织等在面对争端时，往往会寻求第三方的协助，以促成争端的解决。通过第三方的协助，各方可以更快速、更有效地解决争端，维护各方的合法权益。

（二）调解阶段

1. 调解机构介入

在国际贸易争端解决的过程中，如果直接对话和第三方协助未能使协商达成一致，当事方可以请求调解机构介入。调解机构的介入可以为争端的解决提供一个中立、公正的平台，其中 WTO 的争端解决机构是最为知名和权威的调解机构之一。调解机构介入能够提供独立、中立的裁决。调解机构通常由经验丰富、公正中立的专业人士组成，不受当事方的影响，能够客观地审理案件，为争端的解决提供有力支持。

调解机构介入有助于加快争端的解决进程。调解机构通常会根据双方的请求和调解规则迅速介入，并组织调解会议等活动，帮助各方尽快达成解决方案，有效避免争端的进一步升级。调解机构介入有助于保护各方的合法权益。调解机构的裁决具有法律约束力，各方必须遵守。这种法律约束力可以有效保护当事方的合法权益，确保裁决结果得到执行。

调解机构介入还能够提高争端解决的效率和成本效益。相比于诉讼等其他解决方式，调解通常更为迅速和经济，能够节约各方的时间和金钱，有助于有效解决争端。在实际应用中，调解机构介入是解决国际贸易争端的重要方式。WTO 的争端解决机构作为全球高级别的调解机构，发挥着重要作用。通过调解机构的介入，各方可以在一个公正、中立的平台上解决争端，维护各方的合法权益。

2. 调解会议

调解会议是一种通过调解机构组织，各方通过会议和协商来解决争端的方式。这种方式旨在通过集体讨论和协商，试图达成解决争端的方案，以避免更为冗长和昂贵的法律程序。调解会议通常由一个中立的调解人主持，其职责是促使各方进行开放、坦诚的对话，并协助他们找到解决争端的可行方案。在调解会议上，各方有机会陈述自己的观点、利益和需求。调解人会引导讨论，帮助各方理解对方的立场，并提出妥协的建议。通过这种方式，调解会议为各方提供了一个非正式的环境，使他们能够直接交流，并寻求达成一致意见的可能性。

与诉讼程序相比，调解会议通常能够更快地解决争端，因为它不受法律程序的限制。此外，调解会议可以帮助各方保持良好的关系，因为它强调合作和共同寻求解决方案，而不是对抗和胜利。调解会议也存在一些挑战和限制。首先，它需要各方的合作和意愿，因为调解人没有强制权力。如果各方之间存在严重的分歧或不愿妥协，调解会议可能无法取得成功。调解会议的结果通常是非约束性的，这意味着各方可以选择是否接受建议，而不像法院判决那样具有强制执行力。

（三）仲裁阶段

1. 仲裁请求

在争议解决的过程中，如果调解未能达成一致，当事方可以选择将争议提交给仲裁机构进行仲裁请求。仲裁是一种争端解决方式，由仲裁机构根据双方的协议或相关法律，通过听证会和证据审查，最终做出具有法律约束力的裁决。仲裁请求通常包括申请书、事实陈述、证据材料等，要求仲裁机构对争议进行裁决。仲裁请求的首要步骤是向仲裁机构提交申请书。申请书通常包括仲裁请求的基本信息，如当事方的姓名、联系方式，争议的事实和主张，以及请求的仲裁形式和具体要求。提交申请书后，仲裁机构将对请求进行审查，并通知对方当事人，要求其提供答辩意见和相关证据。

一旦双方都提交了必要的文件和证据，仲裁机构将安排听证会。听证会是仲裁过程中的关键环节，双方可以在听证会上就争议事项进行陈述和辩论，并向仲裁机构提交进一步的证据。仲裁庭将根据听证会的结果和提交的证据，最终做出裁决。仲裁请求的优势在于其相对快速和灵活的特点。与诉讼程序相比，仲裁通常可以更快地解决争议，因为它不受法院的烦琐程序和排期限制。此外，仲裁的程序和规则可以根据双方的意愿和争议的特点进行灵活调整，使得争议解决更加高效。仲裁请求也存在一些挑战和限制。仲裁费用通常较高，包括仲裁费、律师费等，这可能会增加当事方的成本。仲裁裁决虽然具有法律约束力，但在执行上可能存在一定的困难，特别是跨国仲裁的情况下，涉及不同司法管辖区的执行程序。

2. 仲裁庭组建

在仲裁程序中，仲裁庭的组建是一个至关重要的环节。仲裁庭由仲裁机构根据双方当事人的协商或相关的仲裁规则组成，其成员通常是独立的专业人士。仲裁庭的组建旨在确保裁决的公正性、独立性和专业性，从而保障当事人的合法权益。仲裁机构会根据双方的协商或相关的仲裁规则确定仲裁庭的组成方式。在通常情况下，仲裁庭由一名或多名仲裁员组成，其中主仲裁员负责主持仲裁程序，其他仲裁员协助主仲裁员进行裁决。在选择仲裁员时，仲裁机构会考虑到仲裁员的专业背景、经验及与争议相关的领域知识，以确保仲裁庭具有足够的专业性和权威性。

仲裁庭的组建还需要考虑仲裁员的独立性和公正性。仲裁员在担任仲裁庭成员时必须保持独立，不受任何一方当事人的影响或控制。为了确保仲裁员的独立性，仲裁机构通常会要求仲裁员在接受任命前进行声明，确认其独立性和不偏不倚的态度。仲裁庭的组建还需要考虑到程序公正和高效。仲裁机构会根据案件的复杂性和争议的性质，确定仲裁庭的人数和组成方式，以便在保障程序公正的同时，尽可能地提高裁决的效率。

3. 仲裁程序

在仲裁程序中，仲裁庭会根据各方提交的证据和论据，通过组织听证会、调查等程序，最终做出裁决。一旦双方达成仲裁协议或根据相关的仲裁规则确定仲裁庭的组成，仲裁程序正式开始。仲裁庭会审查双方提交的仲裁请求和答辩意见，并确定进一步的程序安排。组织听证会是仲裁程序中的关键环节，双方当事人可以在听证会上陈述自己的观点、提出证据，并对对方的陈述和证据进行质询和辩驳。仲裁庭通过听证会了解案件的事实和争议的焦点，为最终裁决提供依据。

在一些复杂的案件中，仲裁庭可能需要进行调查和取证，以获取更多的信息和证据。调查和取证的方式包括询问证人、要求提交书面证据、查阅相关文件等。仲裁庭会根据听证会和调查取证的结果，以及双方提交的证据和论据，做出裁决。仲裁裁决是仲裁程序的最终结果，具有法律约束力。仲裁庭的裁决通常会包括对争议事项的解决方案和相关的赔偿或补偿金额。

（四）上诉阶段

1. 上诉请求

在 WTO 争端解决机制中，当事方可以对争端解决机构的裁决提出上诉。上诉机构是 WTO 争端解决机制的第二层，负责审查争端解决机构的裁决是否符合 WTO 规则和程序。当事方可以通过上诉请求来保护自己的权利和利益，确保裁决的合法性和公正性。上诉请求通常包括申诉书、上诉状和相关证据材料等，当事方需要在一定的期限内向上诉机构递交请求，并说明其上诉理由和要求。上诉机构将根据上诉请求和相关文件，对争端解决机构的裁决进行全面审查，并做出新的裁决。

在上诉过程中，上诉机构将听取双方当事人的陈述和辩论，可以要求双方提供进一步的证据和解释。上诉机构的裁决通常是最终的，对于 WTO 成员来说具有法律约束力。如果上诉机构认为争端解决机构的裁决存在错误或违反 WTO 规则，它可以推翻原裁决或要求争端解决机构重新进行裁决。提起上诉请求对于确保争端解决机制的公正性和有效性至关重要。通过上诉请求，当事方可以对争端解决机构的裁决进行审查，保护自己的合法权益，维护 WTO 规则的权威性和适用性。上诉机构的裁决也为 WTO 成员提供了一种争端解决的有效途径，有助于维护多边贸易体制的稳定性和可预测性。

2. 上诉程序

上诉程序是国际贸易争端解决机制中的重要环节，其作用在于对争端解决机构的裁决进行审查，并做出终审裁决，从而确定最终结果。上诉程序旨在确保裁决的合法性、公正性和准确性，以维护国际贸易秩序的稳定性和可预测性。在国际贸易争端解决机制中，上诉程序具有以下特点和重要作用。上诉程序是争端解决机制的重要组成部分，对于维护国际贸易秩序、促进贸易自由化具有重要意义。通过上诉程序，争端各方可以就裁决的合法性和正确性提出异议，促使争端解决机构更加公正、客观地审查裁决，确保裁决符合国际贸易规则和相关协定的规定。

上诉程序具有终审性质，其裁决为最终结果。这意味着一旦上诉机构做出裁决，争端各方必须遵守并执行裁决，确保争端得以圆满解决。因此，上诉程序的公正性和准确性对于维护国际贸易秩序至关重要，也是各国信任和支持国际贸易争端解决机制的基础。上诉程序的终审裁决具有法律约束力，对于争端各方具有约束力。这意味着争端各方必须遵守上诉机构的裁决，否则将面临国际社会的批评和制裁。因此，上诉程序不仅是国际贸易争端解决机制的一部分，还是国际贸易规则的有效执行和维护的重要手段。上诉程序对于完善国际贸易争端解决机制、提高其效率和公正性具有重要意义。上诉程序可以及时纠正争端解决机构的错误裁决，保障争端解决机制的权威性和可信度，促进国际贸易规则的全面实施和执行。

（五）执行阶段

1. 裁决执行

在国际贸易争端解决机制中，裁决执行是确保争端解决机制有效运作的关键环节。各方根据最终裁决结果执行裁决，执行机构可能包括国际组织、国家政府等，其重要性不言而喻。国际贸易规则是国际贸易活动的基础，只有这些规则得到有效执行，国际贸易秩序才能得以维护。裁决执行能够确保争端解决机制的裁决得到及时执行，从而防止争端各方采取单方面的报复措施，保障国际贸易的稳定性和可预测性。

执行裁决，可以促使争端各方遵守国际贸易规则和相关协定的规定，减少贸易壁垒和非关税措施，促进贸易自由化和贸易便利化，为国际贸易的发展创造良好环境。裁决执行有助于保护各方的合法权益。国际贸易争端解决机制的裁决是基于国际贸易规则和相关协定的，其目的是保护各方的合法权益。执行裁决，可以确保争端各方的权利得到有效保护，避免因争端而造成的经济损失和贸易摩擦。裁决执行对于完善国际贸易争端解决机制具有重要意义。只有裁决得到有效执行，争端解决机制才能发挥其应有的作用。因此，各方应当加强合作，建立有效的执行机制，确保裁决能够得到及时执行，为国际贸易争端的解决提供坚实的基础。

2. 监督和遵守

在国际贸易争端解决机制中，监督和遵守裁决是确保裁决执行的重要环节。国际社会和相关组织将监督裁决的执行情况，确保各方遵守裁决结果，这对于维护国际贸易秩序和促进贸易自由化具有重要意义。国际贸易规则是国际贸易活动的基础，只有这些规则得到有效监督和遵守，国际贸易秩序才能得以维护。监督裁决的执行情况，可以及时发现和解决执行过程中的问题，确保裁决得到有效执行，防止争端各方采取单方面的报复措施，保障国际贸易的稳定性和可预测性。

第二节 起诉和答辩阶段的程序要点

一、起诉阶段的程序要点

（一）提起诉讼

一方认为另一方违反了国际贸易规则时，可向相关贸易协定或组织的争端解决机构提交起诉申请。起诉申请通常包括对违规行为的描述、要求争端解决机构进行调查的请求及可能的解决方案建议。起诉阶段是国际贸易争端解决机制中的第一步，对于确保争端得到公正、合理、有效解决具有重要意义。在国际贸易领域，各国之间的贸易往来日益频繁，但由于文化、法律、经济等方面的差异，贸易纠纷时有发生。为了解决这些争端，维护国际贸易秩序，各国间建立了一套完善的争端解决机制。当一方认为另一方的行为违反了国际贸易规则时，可以通过向争端解决机构提交起诉申请来解决争端。

起诉申请是贸易争端解决机制中的关键步骤，其目的是明确指出违规行为、请求争端解决机构进行调查，并提出可能的解决方案。起诉申请需要详细描述违规行为的具体情况，包括违规行为的性质、时间、地点等信息，以便争端解决机构对争端进行准确的判断。除了描述违规行为，起诉申请还需要请求争端解决机构进行调查。调查是解决争端的前提，只有通过调查，争端解决机构才能了解争端的全貌，从而做出公正、合理的裁决。因此，起诉申请中请求调查的内容必须清晰明确，以便争端解决机构能够迅速、高效地展开调查工作。

起诉申请还需要提出可能的解决方案建议。解决方案建议是双方协商解决争端的基础，起诉方可以根据自身的利益和诉求，提出合理、可行的解决方案建议，以期达成争端解决的共识。解决方案建议应该考虑到各方的利益和诉求，尽可能地体现公平、合理的原则，以便最终得到双方的接受和执行。

（二）成立争端解决小组

国际贸易争端解决机构通常会在收到起诉申请后成立一个专门的争端解决小组来

处理争端案件。争端解决小组由独立的专家组成，其成员通常由争端双方协商选定或由争端解决机构指定，以确保其独立性和客观性。争端解决小组的成立标志着争端解决程序的正式启动，其主要职责包括调查争端、听取双方的陈述和证据，并最终提出裁决建议。争端解决小组的成立旨在确保争端案件得到公正、客观的处理。由于争端解决小组的成员是独立的专家，他们不受任何一方的影响或控制，能够客观地审理案件，并根据国际贸易规则和相关法律准则做出公正的裁决。争端解决小组的独立性和专业性是确保争端解决机制有效运作的关键因素。

在处理争端案件时，争端解决小组通常会采取一系列程序来确保争端得到充分调查和审理。争端解决小组会要求双方提交书面陈述，陈述中包括各方的观点、事实和证据。争端解决小组可能会组织听证会，双方在听证会上有机会陈述自己的观点、回答小组的问题，并辩护自己的立场。听证会有助于争端解决小组更全面地了解争端，并对裁决建议做出准确的判断。争端解决小组将根据调查结果和听证会的情况，提出裁决建议。裁决建议是争端解决小组对争端案件的最终意见，其准确性和公正性对于争端解决的结果至关重要。争端解决小组提出的裁决建议将提交给相关贸易协定或组织，最终由其做出最终裁决。

（三）提交书面陈述

在国际贸易争端解决程序中，双方通常需要提交书面陈述，以清晰地表达各自的观点、事实和法律依据。这些书面陈述在争端解决过程中起着至关重要的作用，有助于争端解决小组全面了解双方的立场和论据，为裁决提供充分的参考依据。在书面陈述中，各方可以详细阐述自己的立场和主张，指出对方违反了哪些国际贸易规则或协定，以及导致争端发生的具体事实和情况。通过书面陈述，双方可以清晰地表达自己的诉求和要求，为争端解决提供了清晰的框架。

在书面陈述中，各方可以提供相关的证据和法律依据，支持自己的观点和主张。这些证据和法律依据可以是合同、文件、证言、专家意见等，有助于争端解决小组全面了解争端的实质和法律依据，为裁决提供充分的证据支持。书面陈述还是双方进行辩论和对抗的平台。在书面陈述中，各方可以对对方的观点和主张进行批驳，展示自己的论证和证据。这有助于争端解决小组全面了解双方的争议焦点和分歧，为裁决提供了全面的参考依据。书面陈述是确保争端解决程序公正、透明进行的重要保障。通过书面陈述，双方的观点和主张可以清晰地呈现在争端解决小组面前，有助于确保裁决的公正性和客观性。同时，书面陈述为争端解决小组提供了全面、准确的信息，有助于其做出合理、公正的裁决。

（四）组织听证会

在处理国际贸易争端时，争端解决小组可能会组织听证会。听证会为双方提供了一个公开、透明的平台，使双方有机会直接向争端解决小组陈述自己的观点、回答问题，并辩护自己的立场。通过听证会，争端解决小组能够更全面地了解争端，收集更多的证据和信息，从而做出准确、公正的裁决。

在听证会上，双方可以通过口头陈述和书面材料向争端解决小组介绍自己的观点和证据。双方可以邀请证人、专家出席听证会，并提供证词和意见。争端解决小组也有权向双方提问，要求其解释和阐述相关事实和法律依据。通过听证会，双方有机会展示自己的证据和论据，向争端解决小组说明自己的立场和主张。听证会的目的在于确保争端解决程序的公正、公开和透明。通过听证会，争端解决小组能够直接听取双方的陈述和证据，全面了解争端的各个方面，为裁决提供充分的依据。双方也能够在听证会上展示自己的论据和观点，为自己的权益进行辩护。听证会是争端解决程序中一个重要的程序环节，对于确保程序的公正性和有效性具有重要意义。

（五）争端解决小组报告

在贸易争端解决过程中，文化信任程度的高低不仅影响着解决方式，还影响着解决效果。在信任程度较高的文化中，各方更愿意采取妥协和合作的方式解决争端。这种高度的信任和合作意愿使得各方更加愿意倾听对方的意见，考虑对方的利益，从而更容易达成共识。在信任程度较高的文化中，贸易争端解决往往更快速。由于各方愿意合作并寻求共赢，他们更愿意通过对话和协商解决争端，而不是通过对抗和诉诸法律。这种方式使得问题能够更快被解决，避免了漫长的诉讼程序和争端的进一步升级。

在信任程度较高的文化中，各方更愿意遵守达成的协议，确保协议的执行。这种情况下，解决方案往往更加稳定和持久，能够为未来的合作奠定良好基础。相反，在信任程度较低的文化中，由于缺乏信任和合作意愿，各方很难达成共识，贸易争端解决的过程可能会更加困难和漫长。这可能会导致贸易争端的解决变得更加复杂化，进而给各方带来更大的损失和不确定性。

(六) 裁决结果

经过调查和组织听证会等程序，争端解决小组将向相关贸易协定或组织提交一份详细的报告。报告通常由小组成员共同编写，在经过仔细研究和分析后形成。在报告中，争端解决小组会对争端的事实进行详细的描述和分析，包括违规行为的性质、时间、地点等信息，以及双方的主张和证据。此外，报告会对涉及的法律规则和国际贸易协定进行分析，评估双方的论据和主张是否符合相关法律规定，从而提出裁决建议。报告的提交标志着争端解决程序进入最后阶段，双方将根据这份报告做出最终的裁决。

双方可以对争端解决小组的报告提出意见和异议，可以针对报告中的事实描述、法律分析和裁决建议进行评价和辩护，并且提出自己的观点和论据。争端解决小组将考虑双方的意见和异议，并在最终裁决中予以考虑。争端解决机构将根据争端解决小组的报告和双方的意见做出最终裁决。裁决可能包括要求一方停止违规行为、赔偿损失、修改相关法律或政策等措施。裁决的执行对于维护国际贸易秩序和保护各方的合法权益具有重要意义。

二、答辩阶段的程序要点

(一) 收到争端解决小组报告

双方在国际贸易争端解决程序中收到争端解决小组提交的报告后，将进入答辩阶段，这是整个贸易争端解决过程中至关重要的一环。这一阶段的重要性在于确保双方对争端解决小组的报告有充分的理解，并能够就报告中的内容提出合理的反驳和辩护。双方应当对报告中的事实描述、法律分析和裁决建议进行逐条检查，确保对报告的内容有清晰的理解。双方应当查看报告中的证据和论据，还可以提供进一步的证据和论据，以便为后续提出自己的证据和论据做好准备。

双方可以针对报告中的事实描述、法律分析和裁决建议提出自己的意见和异议。这些意见和异议应当具体而明确，以便争端解决机构能够理解双方的立场和主张。双方在准备意见和异议的过程中，应当注意遵守国际贸易争端解决机构的规定和程序要求，确保提出的意见和异议符合相关法律和协定的规定。同时，双方应当尊重对方的意见和立场，避免使用不当的言辞或方式。

（二）提出意见和异议

在答辩阶段，双方有权就争端解决小组提交的报告提出意见和异议。这一阶段对于双方来说至关重要，因为该阶段为双方提供了对报告中的事实描述、法律分析和裁决建议进行评价，并表达自己的观点和立场的机会。

双方可以针对报告中的事实描述提出意见和异议，可以指出任何他们认为不准确或不完整的地方，并提供证据来支持自己的观点。例如，双方可以就某些关键事件的发生时间或事实的解释提出异议，以便争端解决机构能够更准确地理解争端的实质。双方可以针对报告中的法律分析提出意见和异议，可以对争端解决小组的法律分析提出质疑，提供自己的法律解释，并引用相关的法律文书和先例来支持自己的观点。这有助于确保争端解决机构对法律问题有全面的理解，并能够做出公正的裁决。双方还可以针对报告中的裁决建议提出意见和异议，可以就争端解决小组提出的具体裁决措施提出质疑，提出自己认为更合理或更公正的解决方案，并解释他们认为争端解决小组的建议不适用于这个特定的争端的原因。

（三）陈述观点和论据

答辩阶段对于贸易争端的解决至关重要，因为它允许各方就争端的核心问题提出进一步的解释和辩护。在答辩阶段，双方可以针对贸易争端解决机构的报告提出异议，并提供额外的证据和论据来支持自己的立场。这对于确保贸易争端解决机构能够获得充分的信息和理解问题的全貌至关重要。双方可以通过提供详细的解释和证据来强化自己的立场，从而增加他们在争端解决过程中的说服力。在答辩阶段，双方可以明确表达自己的诉求和要求，阐明自己的观点，以便更好地理解对方的立场。这有助于减少误解和不必要的纠纷，为最终解决争端打下良好的基础。

答辩阶段为双方提供了一个讨论可能的解决方案的机会。通过在这个阶段展示灵活性和合作精神，双方可以为争端的最终解决奠定基础。这种合作精神有助于缓解紧张局势，促进双方之间的合作关系，为未来的贸易关系打下良好的基础。

（四）回应对方意见和异议

在国际贸易争端解决机制中，答辩过程是双方就争端问题进行辩论和交流的关键阶段。在这一阶段，双方不仅可以陈述自己的观点和论据，还可以对对方提出的意见和异议进行回应和反驳。这对于保证辩论的公正性和全面性至关重要，有助于促进双方就争端问题达成共识。

回应对方意见和异议可以帮助澄清双方立场之间的差异。在答辩过程中，双方可能对对方提出的观点和论据存在不同的解释和理解。通过回应和反驳，双方可以就这些差异进行深入的探讨，从而更好地理解彼此的立场，并寻求解决争端的方法。

回应对方意见和异议可以促进双方就争端问题进行更加全面和深入的讨论。在答辩过程中，双方可以提出更多的证据和论据，以支持自己的观点，并对对方提出的观点和论据进行评价和反驳。这有助于确保贸易争端解决机构能够获得充分的信息和理解问题的全貌，为最终解决争端提供更加全面和客观的依据。

回应对方意见和异议可以促进双方就解决方案达成共识。在答辩过程中，双方可以就可能的解决方案进行讨论和交流，寻求双方都能接受的解决方案。通过这种合作和协商的方式，双方可以最终解决争端，维护贸易的稳定和公正。

在国际贸易争端解决机制中，答辩阶段是一个关键的程序环节。在收到争端解决小组报告后，双方将进入答辩阶段。在这一阶段，双方可以对报告提出意见和异议，并进一步阐述自己的观点和论据。答辩阶段为当事双方提供了一个机会，就争端解决小组报告中的事实认定、法律分析及建议提出意见和异议。通过答辩，当事双方可以针对报告中的具体内容进行解释和辩护，强调自己的观点和论据，以期影响最终裁决的结果。答辩阶段有助于确保争端解决机构考虑到双方的所有论据和观点。在国际贸易争端解决中，双方可能会提出大量的证据和论据，而争端解决小组的报告可能无法完全囊括。通过答辩，双方有机会进一步阐述自己的观点，确保争端解决机构在最终裁决中考虑到了所有相关因素。答辩阶段还有助于增强裁决的可接受性和可执行性。通过允许双方对报告提出意见和异议，争端解决机构可以更好地理解双方的立场和主张，从而使裁决更具有公正性和合理性，提高当事双方对裁决的接受程度，有利于裁决的执行。

（五）组织听证会

在国际贸易争端解决机制中，听证会是一个重要的环节，可以让双方进一步阐述自己的观点和论据。在这个阶段，争端解决机构组织听证会，听取双方的陈述和证据，并就争端问题进行深入的讨论和探讨。组织听证会有助于争端解决机构更全面地了解双方的立场和主张，确保能够做出公正和客观的裁决，维护贸易的稳定和公平。

听证会可以促进双方就争端问题进行更深入和全面的讨论。在听证会上，双方可以提供额外的证据和论据，以支持自己的主张，并就对方提出的观点和论据进行评价和反驳。通过这种深入的讨论，双方可以更好地理解彼此的立场，并为最终的解决方案提供更加全面和客观的依据。通过这种合作和协商的方式，双方可以最终解决争端，维护贸易的稳定和公正。

（六）最终裁决

在国际贸易争端解决机制中，最终裁决是在答辩阶段结束后做出的决定，是争端解决的最终结果。最终裁决将根据双方的意见和证据，以及争端解决小组的报告，对争端问题进行裁决，并确定双方应当采取的行动。双方应当遵守最终裁决结果，以维护国际贸易秩序的稳定和公正。最终裁决是在充分考虑双方意见和证据的基础上做出的决定。在答辩阶段结束后，争端解决机构将审查双方提出的意见和证据，以及争端解决小组的报告，并根据这些信息做出裁决。这确保了最终裁决是基于充分的信息和理解，能够公正客观地解决争端问题。

在最终裁决中，争端解决机构将明确规定双方应当采取的行动，以解决争端问题。这可能包括修正违反贸易规则的政策或行为，赔偿受到损害的一方，或者采取其他必要的措施。双方应当按照最终裁决的要求执行，以确保争端得到有效解决。最终裁决的执行对于维护国际贸易秩序的稳定和公正至关重要。通过遵守最终裁决结果，双方表明了对国际贸易规则和争端解决机制的尊重，有助于促进国际贸易的发展和繁荣。因此，双方应当认真履行最终裁决，并在执行过程中遵守国际法和相关规定，以维护国际贸易秩序的稳定和公正。

第三节 审理和裁决阶段的程序要点

一、审理阶段的程序要点

(一) 双方交换意见

在国际贸易争端解决机制中的审理阶段,双方交换意见是一个重要环节。在审理阶段,双方将就争端问题提出书面意见,并交换彼此的意见。这一过程旨在让双方明确彼此的立场和主张,为后续的辩论和交流奠定基础。双方交换意见有助于明确争端问题的争议焦点。通过交换书面意见,双方可以清楚地表达各自对争端问题的看法和理解,明确争议的核心内容和争议的焦点。这有助于争端解决机构更好地理解争端的实质问题,为后续的审理和裁决提供明确的方向和依据。

在书面意见中,双方可以详细阐述自己的观点和论据,包括对事实和法律的解释和适用。通过交换意见,双方可以更全面地了解彼此的立场,为后续的辩论和交流做好准备。双方意见交换还有助于促进双方之间的沟通和协商。在书面意见中,双方可以提出解决争端的建议和方案,探讨可能的解决途径。通过交换意见,双方可以开展更深入的交流,寻求共识,为解决争端创造条件。

(二) 成立争端解决小组

在国际贸易争端解决机制中的审理阶段,争端解决机构将组建争端解决小组,以负责审理争端案件。这一步骤的重要性在于确保争端得到公正、客观和专业的审理。争端解决小组的成员具有相关专业知识和经验。这些专家通常是国际贸易法领域的专业人士,他们对国际贸易法规和实践有深入的了解,其丰富的专业知识和经验将确保争端案件得到深入的研究和分析,从而为最终裁决提供充分的依据。

在审理阶段,争端解决小组将研究双方提供的意见和证据,并就争端问题展开讨论和分析。他们将考虑事实、法律和国际贸易规则,以便对争端问题做出客观和公正的判断。在完成研究和分析后,争端解决小组将撰写报告,对争端问题进行详细的说明和分析,并提出裁决建议。这一报告将成为最终裁决的重要依据之一,为最终裁决提供了专业和客观的参考。

(三) 组织听证会

在国际贸易争端解决机制中的审理阶段,组织听证会是一项重要的程序。听证会为当事双方提供了一个进一步阐述自己观点和论据的机会。通过听证会,争端解决机构能够更全面地了解双方的立场和主张,从而为最终裁决提供更充分的依据。在国际贸易争端中,当事双方可能存在不同的观点和解释,而通过书面文件可能无法完全表达。因此,通过听证会,双方有机会通过口头陈述,更清晰地阐述自己的立场和主张,从而确保其观点得到全面考虑。

听证会有助于提高争端解决机构的裁决质量。通过听证会,争端解决机构能够直接听取当事双方的观点和论据,从而更好地理解争端的复杂性和相关事实。这有助于争端解决机构做出更具有针对性和合理性的裁决,提高裁决的公正性和可执行性。

听证会还有助于增强争端解决机构的透明度和公开性。通过公开举行听证会,使得外界能够了解争端解决机构审理争端的过程和程序。这有助于增强争端解决机构的公信力,促进国际贸易争端解决机制的发展和完善。

(四) 争端解决小组报告

争端解决小组报告是国际贸易争端解决机构审理程序中的一个关键环节。在听证会结束后,争端解决小组将对争端问题进行事实认定和法律分析,并将其整理成报告,成为最终裁决的重要依据之一。在国际贸易争端中,往往涉及复杂的事实问题,如产品的生产方式、贸易行为的真实性等。争端解决小组将通过听证会收集的证据和双方的陈述,对相关事实进行认定,为最终裁决提供客观、准确的事实基础。

在国际贸易争端中,涉及的法律问题通常涉及 WTO 协议和相关国际法规。争端解决小组将对这些法律文件进行解读和适用,分析双方的主张是否符合相关法律规定,为最终裁决提供法律依据。除此之外,争端解决小组报告可能包括对争端解决机构的建议和意见。根据对事实和法律的认定,争端解决小组可能会就如何解决争端问题提出建议,包括是否认定违反协议、是否需要采取补救措施等,为最终裁决提供参考。

(五) 最终裁决

在国际贸易争端解决机制中，最终裁决是争端解决的最终结果，对争端问题进行了裁决，并确定了双方应当采取的行动。最终裁决将根据双方的意见和证据，以及争端解决小组的报告，对争端问题进行全面、公正的裁决。最终裁决是在充分考虑双方的意见和证据的基础上做出的。在答辩阶段，双方可以就争端解决小组报告提出意见和异议，并进一步阐述自己的观点和论据。最终裁决将综合考虑双方的意见和证据，确保裁决的公正性和合理性。

根据最终裁决，当事双方应当采取一定的行动，如停止违反协议的行为、采取补救措施等，以解决争端问题。最终裁决的执行将有助于维护国际贸易的秩序和稳定。最终裁决具有法律约束力，双方应当遵守裁决结果。根据 WTO 协议，最终裁决是具有法律约束力的，当事双方应当按照裁决结果履行各自的义务。对于不遵守裁决的行为，世界贸易组织将采取相应的措施，以确保裁决的执行。

二、裁决阶段的程序要点

(一) 双方提交最终陈述和辩论

在收到争端解决小组报告后，双方将进入最终陈述和辩论阶段。在这一阶段，双方可以通过书面文件或口头陈述，对争端解决小组报告中的事实认定、法律分析和建议提出意见和异议；双方可以总结自己的主张，并针对对方的主张提出反驳和辩解，以期影响最终裁决的结果。

最终陈述和辩论阶段有助于确保裁决的公正和合理。通过最终陈述和辩论，双方可以就争端问题提供更全面的证据和论据，使争端解决机构能够更好地理解争端的复杂性和相关事实。这有助于争端解决机构做出更具有针对性和合理性的裁决，维护国际贸易的秩序和公正。

最终陈述和辩论阶段也是双方最后展示自己观点和证据的机会。在国际贸易争端解决中，双方可能会提出大量的证据和论据，而最终陈述和辩论阶段是双方最后展示这些证据和论据的机会。双方可以通过最终陈述和辩论，为自己的立场辩护，争取最有利的裁决结果。

(二) 审议争端解决小组报告

在国际贸易争端解决机制中,审议争端解决小组报告是确保裁决公正、合理的重要步骤。在收到争端解决小组报告后,争端解决机构将对报告中的事实认定、法律分析和建议进行审议。这一审议过程是非常关键的,因为最终裁决将根据争端解决小组报告做出。在国际贸易争端中,涉及的事实可能十分复杂,争端解决小组需要对各种证据进行综合分析和评估。通过审议报告,争端解决机构可以对事实认定的准确性进行审查,确保裁决的基础是牢固和客观的。

审议争端解决小组报告有助于审查法律分析的合理性和适用性。争端解决小组在报告中会对适用的法律进行分析和解释,判断双方的行为是否违反了相关法律规定。通过审议报告,争端解决机构可以对法律分析的逻辑性和合理性进行审查,确保裁决的法律依据是正确和可靠的。审议争端解决小组报告还可以为争端解决机构提供讨论和辩论的基础。在审议过程中,争端解决机构可能会就报告中的内容进行讨论和辩论,各成员可以就不同的观点和看法进行交流和探讨,以便最终做出决定。

(三) 最终裁决的形成

在国际贸易争端解决机制中,最终裁决的形成是争端解决的关键环节。争端解决机构将根据争端解决小组的报告和双方的最终陈述,形成最终裁决。最终裁决将对争端问题进行裁决,并确定双方应采取的行动。争端解决小组的报告包括对争端问题的事实认定、法律分析和建议。争端解决机构将根据报告中的内容,结合双方的意见和证据,做出最终裁决。报告中的事实认定和法律分析将成为最终裁决的重要依据之一。

在最终陈述中,双方可以总结自己的观点和证据,并对对方的主张进行回应。最终陈述将为争端解决机构提供双方最后一次机会,了解双方的立场和主张,对最终裁决产生影响。最终裁决将对争端问题进行裁决,并确定双方应采取的行动。根据最终裁决,双方应当采取一定的行动,如停止违反协议的行为、采取补救措施等,以解决争端问题。最终裁决的执行将有助于维护国际贸易的秩序和稳定。

(四) 裁决的公布

在国际贸易争端解决机制中，裁决的公布是裁决阶段的重要环节。最终裁决将通过争端解决机构公布，成为正式的裁决结果。裁决结果通常包括对争端问题的裁决内容和对双方的行动要求。通过公布裁决结果，双方和国际社会能够了解裁决的内容和理由，确保裁决的公正性和合理性。裁决的公布还可以增强争端解决机构的公信力，促进国际贸易争端解决机制的发展和完善。

裁决内容可能涉及对违约方的违约行为进行认定，确定违约方应当采取的补救措施等。裁决结果对争端问题的裁决内容进行明确和具体的规定，为争端的解决提供清晰的指导和方向。裁决结果还会对双方的行动要求进行规定。根据裁决结果，双方应当采取一定的行动，如停止违反协议的行为、采取具体的补救措施等，以解决争端问题。裁决结果对双方的行动要求进行明确规定，有助于促使双方按照裁决结果履行各自的义务。

(五) 执行和监督

在国际贸易争端解决机制中，最终裁决的执行和监督是确保裁决有效性和争端解决机制顺利运行的重要环节。最终裁决具有法律约束力，双方应按照裁决结果执行各自的义务。世界贸易组织将对裁决结果的执行进行监督，确保双方履行裁决要求。裁决结果对双方的行动要求进行了明确规定，双方有责任按照裁决结果履行各自的义务。如果一方未能按照裁决结果执行，另一方可以向世界贸易组织申请执行，以强制对方履行裁决要求。

世界贸易组织将监督双方是否按照裁决结果执行各自的义务，如停止违反协议的行为、采取补救措施等。世界贸易组织将根据监督结果，采取相应的措施，确保双方履行裁决要求。世界贸易组织还将对裁决的执行情况进行定期评估和报告。世界贸易组织将定期审查裁决的执行情况，评估双方是否按照裁决结果执行各自的义务，向成员和公众报告裁决的执行情况，以确保裁决的公正、透明和有效。

第四节 执行和结果阶段的程序要点

一、执行阶段的程序要点

（一）确认违约行为

在执行阶段，首要任务是确认违约方的具体违约行为。这一步骤至关重要，因为只有明确了违约方的违约行为，才能据此确定后续执行措施。确认违约行为的过程需要根据最终裁决的内容来进行，以确定违约方应当采取的具体行动，如停止违反协议的行为、采取补救措施等。

在确认违约行为的过程中，需要审查最终裁决的相关条款，详细了解违约方在协议中承诺的义务，并对照违约方的实际行为进行比对。这一过程需要严谨细致，确保对违约行为的描述准确清晰，以便后续执行阶段的顺利进行。

在确认违约行为的过程中，可能会涉及证据的收集和整理工作。违约方的违约行为可能涉及多方面的证据，如书面文件、电子邮件、证人证言等。在收集证据的过程中，需要注意保护证据的完整性和可靠性，以确保后续执行措施的有效性。

在确认违约行为的过程中，还需要考虑违约方可能采取的抗辩或反驳行为。违约方可能会对违约行为提出异议，或者提出自己的解释和理由。在面对这种情况时，执行方需要审慎分析违约方的抗辩理由，确保自己的主张符合法律规定，并采取适当的反应措施。

（二）执行申请

在国际贸易争端解决机制中，执行申请是一个重要的程序，可以帮助受益方获得合同履行或获得其他赔偿。执行申请通常由受益方向国际贸易组织提交，要求对违约方采取强制执行措施。执行申请需要包括有关最终裁决和违约方的相关信息，以及请求执行的具体要求。

执行申请需要包括有关最终裁决的相关信息，如最终裁决的内容、裁决结果的原因和依据等。受益方需要清楚地描述最终裁决的内容，以便世界贸易组织能够准确理解争端的背景和裁决的内容。

执行申请还需要包括违约方的相关信息，如违约方的身份信息、联系方式、违约行为的具体情况等。受益方需要提供充分的证据证明违约方的违约行为，以便世界贸易组织能够判断违约行为的性质和严重程度。

执行申请还需要明确请求执行的具体要求，如要求违约方履行合同、支付赔偿金等具体要求。受益方需要清晰地表达自己的请求，以便世界贸易组织能够准确理解受益方的诉求，并做出相应的执行决定。

（三）执行措施

世界贸易组织在执行申请后，可以对违约方采取一系列执行措施，以促使其履行裁决要求。这些执行措施的选择通常取决于违约方的具体违约行为和裁决要求的性质。

罚款是一种常见的执行措施，可以迫使违约方承担经济责任，促使其履行裁决要求。罚款的数额通常根据违约行为的性质和严重程度来确定，目的是使违约方感受到经济压力，进而改变其行为。

贸易制裁是指限制或禁止违约方参与国际贸易活动的措施，旨在惩罚违约方并促使其履行裁决要求。贸易制裁的具体形式可以包括暂停或限制违约方的贸易额度、实施关税措施等，以产生对违约方不利的经济影响，迫使其改变行为。

停止资格是指暂停或取消违约方在世界贸易组织中的会员资格或参与资格，以惩罚违约方并促使其履行裁决要求。停止资格的实施可以对违约方的声誉和地位造成负面影响，迫使其采取行动以恢复资格。

（四）监督和报告

在执行国际贸易争端裁决的过程中，监督和报告是至关重要的环节。世界贸易组织在执行过程中会对执行情况进行监督，以确保执行的公正、透明和有效。同时，世界贸易组织会定期向成员和公众报告执行情况，以提高执行的透明度和公信力。通过监督，世界贸易组织可以及时发现执行中可能存在的问题和障碍，并采取相应的措施加以解决。监督执行情况还可以帮助世界贸易组织评估执行效果，及时调整执行策略，以提高执行效率和效果。

定期向成员和公众报告执行情况也是执行过程中的重要环节。报告执行情况可以增加执行的透明度，让成员和公众了解执行进展和结果。这有助于提高执行的公信力，增强受益方对执行的信心，同时可以促使违约方及时履行裁决要求，以避免受到更严厉的制裁。在监督和报告执行情况时，世界贸易组织需要确保信息的准确性和客观性，避免出现误导性或不实的信息。同时，世界贸易组织需要确保执行情况的报告及时发布，以便成员和公众及时了解执行进展。

（五）执行结果

一项国际贸易争端裁决的执行成功标志着争端得以圆满解决。在违约方履行裁决要求后，执行程序将正式结束。世界贸易组织将对执行结果进行确认，并向双方通知执行结果，以确认执行程序的顺利完成。执行结果的确认是确保执行程序有效完成的重要环节。世界贸易组织将对违约方的履行行为进行评估，确保其符合最终裁决的要求。一旦确认执行结果符合要求，世界贸易组织将向双方发出正式通知，确认执行程序的结束。

执行结果的确认不仅意味着裁决要求得以履行，还是世界贸易组织维护国际贸易秩序和促进贸易发展的重要举措。通过有效执行裁决要求，世界贸易组织向全球贸易市场传递了一个重要信号，即违约行为将受到严厉制裁，有助于维护贸易规则的权威性和约束力。执行结果的确认还有助于促进当事方的合作和友好关系。一旦执行程序顺利完成，当事方可以结束争端，回归正常的贸易合作关系，共同推动贸易发展和经济繁荣。

二、结果阶段的程序要点

（一）确认执行申请的合法性

在世界贸易组织争端解决机制的结果阶段，确认执行申请的合法性是一个重要环节。其核心任务是确定执行申请是否符合相关规定和程序要求，确保执行程序的顺利进行和公正性。因此，世界贸易组织在此阶段需要对执行申请进行认真审查和确认，以确保执行的合法性和有效性。

世界贸易组织需要确认执行申请的内容是否与最终裁决一致。这一步骤是非常关键的，因为执行申请的内容必须严格遵循最终裁决的要求，以确保执行的有效性和合法性。如果执行申请的内容与最终裁决不一致，可能会导致执行的困难和纠纷，甚至影响到争端解决的结果。

世界贸易组织还需要确认执行申请是否符合执行程序的规定，包括对执行申请的形式和内容进行审查，确保其符合执行程序的要求。例如，执行申请的格式是否符合规定、所提供的证据是否充分和有效等。只有执行申请符合执行程序的规定，才能够顺利进行执行程序，确保争端解决的有效性和公正性。

（二）通知违约方

世界贸易组织在确认执行申请的合法性后，必须向违约方发出通知，要求其履行最终裁决的要求。这一通知的内容至关重要，应当包括最终裁决的具体要求和期限，以确保违约方能够及时了解并履行裁决要求。

通知的内容应当明确具体，以确保违约方清楚了解裁决的具体要求。在通知中，世界贸易组织应当详细列出最终裁决的要求，包括但不限于涉及的货物、服务、金额等具体事项，避免模糊不清的表述，以免引起双方的误解或争议。

通知的内容应当包括裁决的期限，以确保违约方能够在规定的时间内履行裁决要求。在通知中，世界贸易组织应当明确规定违约方应当在何时之前完成履行裁决的要求，避免违约方故意拖延或规避履行责任。

通知的内容还应当明确提及违约方应当采取的具体行动和方式，以确保其能够按照最终裁决的要求履行责任。在通知中，世界贸易组织应当明确规定违约方应当采取的具体行动，以及应当遵循的具体程序，避免违约方因为不清楚要求而无法履行责任。

（三）监督执行过程

在国际贸易争端解决中，监督执行过程是确保违约方按照最终裁决要求履行义务的关键步骤。世界贸易组织将通过多种方式对执行过程进行监督，以确保执行的公正、透明和有效。

世界贸易组织可以要求违约方提供执行情况报告。通过要求违约方定期提供执行情况报告，世界贸易组织可以了解到违约方是否按照最终裁决的要求履行义务以及履行的进展情况。这有助于世界贸易组织及时发现问题并采取必要的措施解决问题。

通过现场检查,世界贸易组织可以直接了解到执行情况的实际情况,确保执行的公正和透明。现场检查还可以帮助世界贸易组织及时发现执行中可能存在的问题,以便及时采取措施解决问题。

世界贸易组织还可以通过其他方式对执行过程进行监督。例如,世界贸易组织可以要求违约方提供相关文件和证据,以确保执行的有效性和完整性;可以就执行过程中可能存在的问题进行调查,并在必要时采取必要的措施解决问题。

(四) 确认执行结果

一旦违约方按最终裁决的要求履行,世界贸易组织将确认执行结果并通知双方,这一步骤标志着执行程序的正式结束,确保最终裁决得以有效执行。确认执行结果的过程需要严格遵循程序,以确保公正、透明和有效的执行。确认执行结果的程序必须遵循世界贸易组织的规定和程序。根据《争端解决谅解备忘录》规定,执行机构会根据最终裁决的要求确认执行结果,并在确认后通知双方。这一程序确保了执行结果的公正性和合法性,保障了争端解决机制的权威性和有效性。

世界贸易组织会监督违约方的履行情况,并在确认执行结果时核实其是否按照最终裁决的要求履行。这一严格的监督和核实程序确保了最终裁决的有效执行,维护了国际贸易规则的权威和稳定性。确认执行结果的过程还需要确保双方都能及时获得执行结果的通知。世界贸易组织会向双方发出执行结果的通知,告知它们最终裁决的执行情况。这一通知程序确保了双方都能及时了解执行结果,避免了信息不对称和执行不确定性。

(五) 结束执行程序

执行结果确认后,执行程序正式结束,这一过程标志着国际贸易争端解决机制的完成。在确认执行结果后,世界贸易组织将结束执行程序,并追溯到争端解决程序的起始点,以便双方恢复正常的贸易关系。结束执行程序需要遵循一系列程序和步骤,以确保争端得以圆满解决,双方关系得以修复。

世界贸易组织将对执行过程进行总结和评估,包括对执行结果的确认情况进行审查,以及对整个执行程序的效率和公正性进行评估。这一过程旨在总结执行经验,发现问题并提出改进意见,以提高未来执行程序的效率和质量。

世界贸易组织将协助双方恢复正常的贸易关系，包括协调双方就执行结果的具体实施方式达成一致，以及帮助双方解决执行过程中可能出现的纠纷和问题。通过协助双方恢复正常的贸易关系，世界贸易组织为未来的合作奠定了基础，促进了国际贸易的发展和繁荣。

　　世界贸易组织将对争端解决机制进行总结和评估，包括对整个争端解决程序的效率、公正性和可操作性进行评估，并提出改进建议。通过总结和评估争端解决机制，世界贸易组织可以不断完善机制，提高其效率和公正性，为世界贸易争端的解决提供更好的保障。

第四章　国际贸易争端解决的法律问题

第一节　国际贸易法律的选择和适用性

一、国际贸易法律的选择

（一）当事人的选择权

在国际贸易中，当事人的选择权是非常重要的，因为它为当事人提供了灵活性和自主性，使他们能够根据具体情况选择适用的法律。国际贸易法通常允许当事人自由选择适用的法律，这体现了国际贸易法律体系中的一项基本原则——当事人自治原则。当事人可以在合同中明确选择适用的法律。这种选择通常被称为选择法律条款，当事人可以在合同中明确规定适用的法律，从而为合同的解释和执行提供了明确的法律依据。选择法律条款的存在可以降低合同的风险，提高合同的执行效率，有利于当事人之间的合作关系。

当事人可以在争议发生时协商达成一致意见选择适用的法律。即使在合同中没有明确规定选择的法律，当事人在争议发生时仍可以通过协商达成一致意见选择适用的法律。这种协商的方式可以根据具体情况灵活调整，有利于解决争议，维护当事人的合法权益。根据当事人自治原则，国际贸易法律倾向于尊重当事人的选择，认为当事人具有自主权，能够自行决定适用的法律。这种原则有利于促进国际贸易的发展，增强了当事人对合同的控制权和安全感，有利于建立信任和合作关系。

（二）合同中的选择法律条款

在国际贸易合同中，选择法律条款是指当事人在合同中明确选择适用的法律条款。选择的法律应符合公共利益原则，即选择的法律不得违反基本的公共利益和公共政策。合同中的选择法律条款为合同的解释和执行提供了明确的法律依据。通过选择法律条款，当事人可以在合同中明确约定适用的法律，从而避免合同解释和执行上的不确定性和争议。

选择法律条款反映了当事人的意愿和共识，体现了当事人的自治原则。在国际贸易中，当事人通常会根据合同的性质和内容选择适用的法律，以确保合同的履行和争议的解决符合双方的意愿和利益。选择法律条款的存在有利于维护当事人的合法权益，促进合同的顺利履行。选择的法律应符合公共利益原则，即选择的法律不得违反基本的公共利益和公共政策。如果选择的法律与公共利益原则相违背，法院或仲裁机构可能会不予承认选择法律条款，或者在适用选择的法律时予以限制或修改，以维护公共利益和公共政策的重要性。

（三）合同性质和内容

在国际贸易中，当事人选择适用的法律通常应与合同的性质和内容相符合。这是因为合同的性质和内容可能涉及特定国家的法律规定或特定国家的商品或服务，当事人为了保障自身权益和明确合同条款，可能会选择适用与合同相关的特定国家的法律。合同的性质和内容可能涉及特定国家的法律规定。例如，合同可能涉及特定国家的合同法规定、知识产权法规定或劳动法规定等。在这种情况下，当事人可能会选择适用涉及合同性质和内容的特定国家的法律，以确保合同的解释和执行符合相关法律规定。合同的性质和内容可能涉及特定国家的商品或服务。例如，合同可能涉及特定国家生产的商品或提供的服务，这些商品或服务可能受到特定国家的法律保护或受到特定国家的监管。在这种情况下，当事人可能会选择适用与这些商品或服务相关的特定国家的法律，以确保合同的执行符合相关法律规定。

（四）国际惯例和惯例适用

在国际贸易中，一些惯例适用于特定类型的合同或贸易活动。当事人可以选择适用这些惯例，以便在合同履行或争议解决中得到更多的便利和确定性。根据合同自由原则，合同当事人有权自主选择适用的法律和惯例。因此，在国际贸易中，当事人可以选择适用一些国际惯例，以便在合同履行或争议解决中获得更多的便利和确定性。

例如，国际贸易中经常使用的《联合国国际货物销售合同公约》（英文简称 CISG）就是一种国际惯例，适用于国际货物销售合同。CISG 规定了合同当事人的权利和义务，以及合同履行和争议解决的程序，为国际贸易提供了基本的法律框架。

一些国际惯例适用于特定类型的贸易活动。例如，国际海运中经常使用的《联合国海上货物运输公约》（简称《海运公约》）就是一种国际惯例，适用于国际货物运输合同。《海运公约》规定了货物运输过程中的责任分配和争议解决机制，为国际海运提供了法律保障。同样，国际金融交易中经常使用的《国际贸易术语解释通则》也是一种国际惯例，适用于国际货物买卖合同。《国际贸易术语解释通则》（英文简称 IN-COTERMS）规定了买卖双方在货物交付、运输费用和风险转移等方面的权利和义务，为国际贸易提供了清晰的交易规则。

国际惯例的适用有助于促进国际贸易的发展。由于国际贸易涉及多个国家和地区，各国法律和司法体系的差异可能会给合同履行和争议解决带来困难，因此，当事人可以选择适用一些国际惯例，以便在跨境贸易中获得更多的便利和确定性。国际惯例的适用有助于降低合同履行和争议解决的成本，促进国际贸易的顺利进行。

（五）法院或仲裁机构的管辖

在国际贸易中，当事人选择适用的法律通常应考虑到选择的法律是否被法院或仲裁机构所认可。选择的法律应该能够在相应的法律体系下得到有效的执行和保护。由于国际贸易涉及多个国家和地区，各国法律和司法体系的差异可能会对合同履行和争议解决产生影响，因此，当事人在选择适用的法律时，应考虑到选择的法律是否被当地法院或仲裁机构所认可。如果选择的法律在当地法律体系下无法得到有效的执行和保护，可能会增加合同履行和争议解决的风险。

选择适用的法律应考虑到其在国际法律体系下的地位。国际贸易中经常使用的国际公约和惯例，如 CISG 和 INCOTERMS，在国际法律体系下具有较高的地位和认可度。当事人选择适用这些国际公约和惯例，可以在国际贸易中获得更多的便利和确定性。选择适用的法律还应考虑到其与当事人合同的实际情况是否相符。当事人应根据合同的性质、履行地点、争议解决方式等因素，选择适合的法律。例如，在国际货物销售合同中，当事人通常会选择适用 CISG，因为 CISG 适用于国际货物销售合同，为合同当事人提供了统一的法律规则。

二、国际贸易法律的适用性

（一）当事人的选择权

在国际贸易中，当事人的选择权是确保合同履行和争议解决顺利进行的重要基础。根据当事人自治原则，当事人可以自主选择适用的法律。这种选择权为当事人提供了灵活性和便利性，使他们能够根据实际情况和需要选择最适合的法律体系，从而更好地保护自己的权益。当事人可以选择适用自己国家的法律。这种选择通常会使当事人更加熟悉和了解法律规定，便于合同的履行和管理。同时，选择本国法律也可以减少语言和文化差异带来的风险，提高合同履行的效率和便利性。

当事人还可以选择适用国际公约或惯例，如 CISG 和 INCOTERMS 等。这些国际公约和惯例为国际贸易提供了统一的法律规则，简化了合同的起草和解释，降低了合同纠纷的风险。选择适用国际公约和惯例，可以使合同更具国际化和标准化，有助于促进跨国贸易的发展和合作。当事人选择的法律应能在相应的法律体系下得到有效执行和保护。这意味着选择的法律应该能够在当地法院或仲裁机构中得到承认和执行，以确保合同的履行和争议的解决能够顺利进行。因此，在选择适用的法律时，当事人需要考虑到法律的适用范围、执行力度和法律环境等因素，从而确保选择的法律能够有效保护自己的权益。

（二）国际公约的适用

国际公约在国际贸易中的应用是为了确保跨国贸易的顺利进行，为当事人提供统一的法律规则和解决争议的框架。其中，广泛适用的国际公约之一是 CISG，它为国际贸易提供了重要的法律基础。CISG 为跨国贸易提供了统一的法律规则。由于各国的法律体系存在差异，合同的起草和解释可能存在困难和风险。CISG 的适用可以简化合同的起草和解释，降低了合同纠纷的风险，为国际贸易提供了更加稳定和可靠的法律环境。

当事人选择适用 CISG 时，应遵循该公约的规定和程序。CISG 规定了合同当事人的权利和义务，包括合同的成立、履行和解决争议等方面。当事人在合同中选择适用 CISG，意味着他们应遵循 CISG 的规定和程序，以确保合同的有效执行和纠纷的有效解决。CISG 的适用还可以为当事人提供其他便利和保障。例如，根据 CISG 的规定，合同的条款和条件可以自动适用于合同，不需要另行约定。这为当事人节省了时间和成本，使合同的签订和执行更加简便和高效。

（三）国内法的适用

在国际贸易中，如果当事人没有选择适用的法律，法院或仲裁机构将根据国际私法规则确定适用的法律。这些规则通常会考虑合同的履行地点、当事人的国籍和合同的主要地点等因素来确定适用的法律。国内法的适用在国际贸易中具有重要意义，因为它影响着合同的效力、履行和争议解决等方面。根据国际私法的规定，合同的效力和效果应根据当事人的意思表示和行为确定。因此，当事人应在合同中明确规定适用的法律，以确保合同的效力和效果得到有效保障。

不同国家的法律体系存在差异，可能会对合同的履行和解释产生影响。因此，当事人应根据合同的履行地点和主要地点等因素，选择适用的法律，以确保合同的履行和解释能够顺利进行。国内法的适用还影响着合同的争议解决。根据国际私法的规定，当事人可以选择将争议提交给法院或仲裁机构解决。法院或仲裁机构将根据适用的法律来判断争议的事实和法律适用，从而决定案件的处理结果。因此，当事人应在合同中明确规定适用的法律，以避免争议解决过程中的不确定性和争议。

（四）国际仲裁的优势

作为解决国际贸易纠纷的一种方式，国际仲裁具有许多优势，这些优势使得国际仲裁成为国际贸易纠纷解决的首选方式之一。首先，国际仲裁具有跨国性。国际贸易往往涉及跨越多个国家的交易和合同，如果发生纠纷，涉及的法律和法规可能十分复杂，不同国家的法律体系之间可能存在差异。国际仲裁可以在跨国争端中提供一个中立的解决方案，避免了双方在各自国家法院进行诉讼可能遇到的地域限制和偏袒。国际仲裁机构通常由专业仲裁员组成，这些仲裁员通常具有国际贸易和法律领域的专业知识和经验，能够更好地理解和解决涉及复杂法律和商业问题的争端。仲裁员的专业性能够保证争端得到公正、合理和高效的解决。

根据《承认及执行外国仲裁裁决公约》等国际公约的规定，国际仲裁的裁决在大多数国家能够得到承认和执行，这为当事人提供了更大的信心和保障。相比之下，国际商事诉讼可能涉及多个国家的法院，法院的判决执行会更加复杂和困难。此外，国际仲裁的程序相对灵活和高效。当事人可以根据具体情况协商确定仲裁程序，包括选择仲裁员、确定证据和辩护方式等，相比之下，国际商事诉讼可能受到各国法律程序的限制和规范，程序相对较为烦琐和耗时。

第二节 法律解释和实施的争议问题

一、法律解释的争议问题

（一）条款解释问题

在国际贸易合同中，条款解释是一个常见但又十分关键的问题。合同文本的具体表述和语境可能存在多种理解，双方在解释合同条款时往往会根据自身的利益和立场产生不同的解释，可能导致争端的产生。因此，解决条款解释问题需要考虑多种因素，包括合同的整体性、诚实信用原则、国际贸易惯例和行业标准等。

合同的整体性是指在解释合同条款时，不能孤立地看待某一条款，而是要将其置于合同整体的语境中进行理解。合同是双方共同签订的，应当根据合同的整体意图来解释条款，而不是片面地强调某一方的利益。

诚实信用原则要求合同各方在履行合同过程中，不得为了自身利益而损害对方的利益。因此，在解释合同条款时，应避免将合同条款解释为对对方不利的方式。

国际贸易惯例和行业标准也可以作为解决条款解释问题的参考依据。国际贸易中存在着许多惯例和行业标准，这些惯例和标准可以帮助双方更好地理解合同条款的含义和意图。在解释合同条款时，可以参考国际贸易惯例和行业标准，以确定合同条款的具体含义和适用范围。

（二）法律适用问题

在国际贸易纠纷中，法律适用是一个复杂而重要的问题。由于涉及跨国交易，当事人可能受到不同国家法律的约束，因此需要确定适用哪个国家或地区的法律来解决争议。解决这一问题通常需要考虑多种因素，包括合同中的选择法律条款、国际贸易惯例和国际法律原则等。

合同中的选择法律条款是确定适用法律的重要依据。当事人在签订合同时可以约定适用特定国家或地区的法律，这种选择通常会被仲裁庭或法院尊重，除非该选择违反了公共政策或法律强制规定。选择法律条款的存在可以提高合同的确定性和可预测性，有利于解决潜在的法律冲突。

国际贸易中形成的一些惯例和行业标准，如国际商会颁布的 INCOTERMS 等，可以成为解决争议时的参考依据。虽然这些惯例并非具有法律约束力的文件，但在解决争议时可以作为解释合同条款的参考，有助于双方更好地理解合同内容。在国际贸易中，有一些被公认的国际法律原则，如合同自由原则、诚实信用原则等，在解决合同争议时通常会被仲裁庭或法院考虑，并根据具体情况予以适用。这些国际法律原则可以填补各国法律之间的空白，保护当事人的合法权益。

（三）约定解释问题

在国际贸易中，合同的约定解释是一个至关重要的问题。合同是双方共同遵守的法律文件，其中的约定对于确定各方的权利和义务至关重要。然而，在实际执行过程中，由于语言、文化、法律背景等方面的差异，合同中的某些条款可能存在不同的理解和解释。为了有效解决这些争议，需要考虑合同的整体性和双方的实际意图等因素。

在解释合同条款时，应当考虑到合同的整体结构和内容，以及各条款之间的内在关系。合同中的各个条款应当被视为相互关联的部分，而不是孤立的单独条款。这样可以确保对合同的解释符合合同的整体意图，避免对单个条款进行武断解释而忽略了合同的其他部分。

在解释合同条款时，应当考虑当事人在签订合同时的真实意图和目的，包括双方的交易背景、商业惯例和行业实践等因素。考虑双方的实际意图，可以更好地理解合同条款的含义和目的，有助于解决双方对合同条款理解上的分歧。合同的语言和文化背景也是解释合同约定的重要因素。由于国际贸易涉及不同语言和文化背景的当事人，合同中的某些条款可能存在语言上的歧义或文化上的差异。在解释这些条款时，应当考虑当事人的语言和文化背景，以确保对合同条款的解释符合当事人的理解和习惯。

(四) 语言障碍问题

在国际贸易中，语言障碍是一个常见且重要的问题。拥有不同语言和文化背景的双方在合同的签订、执行和解释等方面可能会受到语言障碍的影响，导致合同条款的理解和解释产生偏差。为了有效解决这一问题，需要借助专业的翻译和解释服务，确保合同条款的准确表达和理解。

在国际贸易合同中，双方通常使用各自的母语进行交流，而合同中的条款需要准确翻译成对方的语言。因此，需要借助专业的翻译人员对合同进行翻译，确保翻译的准确性和一致性。专业的翻译人员不仅要具备扎实的语言能力，还要了解国际贸易的相关知识，能够准确表达合同条款的含义。

语言障碍可能导致合同条款的理解产生偏差，双方可以借助解释服务对合同条款进行解释。解释服务可以包括解释会议、专家意见等形式，通过这些方式可以更好地理解合同条款的含义，避免因语言障碍而导致的误解和纠纷。双方还可以采用一些辅助手段来解决语言障碍问题。例如，在合同中可以明确规定使用某种语言进行交流和解释，或者使用国际通用的商业术语和规范，以减少语言障碍带来的影响。另外，双方可以通过培训和学习对方语言和文化，增进相互理解，从而减少语言障碍可能带来的问题。

二、法律实施的争议问题

法律实施的争议问题是指在国际贸易中，当事人在执行合同或处理争端过程中对于法律适用、法律解释等方面产生的分歧。这种争议可能涉及不同国家的法律、国际商法和国际惯例等方面，需要仲裁机构或法院进行裁决。

(一) 法律适用的争议

在国际贸易中，法律适用的争议是一种常见的问题，尤其是在跨国贸易中，由于涉及不同国家的法律体系和司法实践，当事人对于合同中适用的法律可能存在分歧。解决这一问题需要考虑多种因素，包括合同中的选择法律条款、国际贸易惯例和国际法律原则等，以确保合同的有效执行。

合同中的选择法律条款是确定适用法律的重要依据。当事人在签订合同时可以约定适用特定国家或地区的法律，这种选择通常会被仲裁庭或法院尊重，除非该选择违反了公共政策或法律强制规定。选择法律条款的存在可以提高合同的确定性和可预测性，有利于解决潜在的法律冲突。

（二）法律解释的争议

在签订合同时，双方通常都有自己的意图和目的，希望通过合同达成某种协议或达成某种结果。因此，在解释合同条款时，应当考虑当事人在签订合同时的真实意图和目的，包括双方的交易背景、商业惯例和行业实践等因素，可以通过解释会议、专家意见等方式来确定双方的实际意图。由于涉及不同文化和法律背景的当事人，合同中的条款可能存在语言上的歧义或文化上的差异。在解释合同条款时，应当考虑当事人的语言和文化背景，以确保合同条款的解释符合当事人的理解和习惯，避免因文化差异而导致的误解和争议。

（三）法律执行的争议

在国际贸易中，法律执行的争议是一种常见的问题。在合同执行过程中，双方可能会就具体的法律规定或执行方式产生分歧，这可能涉及合同条款的解释、履行方式、付款方式等方面。解决这一问题需要仔细解释合同条款，确保双方遵守合同约定，同时可以借助仲裁机构或法院进行裁决。在合同中，双方通常会约定具体的履行方式、付款方式等，但这些条款可能存在不同的解释。为了解决执行争议，需要仔细解释合同条款，确定双方的权利和义务。在解释合同条款时，应当考虑合同的整体性和双方的实际意图，避免因误解或歧义而产生争议。

在合同执行过程中，双方应当按照合同约定的方式履行自己的义务，确保合同能够得到有效执行。如果一方未能履行合同义务，另一方可以要求其履行，或者寻求相应的法律救济。如果双方无法自行解决执行争议，可以将争议提交给仲裁机构或法院进行裁决。仲裁机构或法院会根据合同条款和相关法律规定做出裁决，确保合同能够得到有效执行。通过仲裁或法院的裁决，可以解决执行争议，保护当事人的合法权益。

（四）法律强制执行的争议

在国际贸易中，法律强制执行的争议是一种常见的问题。在某些情况下，一方可能不遵守合同约定，导致另一方需要通过法律手段强制执行合同。解决这一问题需要仲裁机构或法院根据合同约定和相关法律规定做出裁决，确保合同的有效执行。需要明确合同的具体内容和约定。在发生争议时，首先需要查看合同中的相关条款，明确双方的权利和义务。如果一方未能履行合同义务，另一方可以根据合同约定和相关法律规定寻求相应的法律救济。

如果双方无法自行解决争议，可以将争议提交给仲裁机构或法院进行裁决。仲裁机构或法院会根据合同约定和相关法律规定做出裁决，确保合同能够得到有效执行。通过仲裁或法院的裁决，可以迫使不履行合同义务的一方进行强制执行，保护另一方的合法权益。由于涉及不同国家的法律体系和司法实践，国际贸易中的法律强制执行可能会受到国内法律和国际法律的影响。因此，在解决法律强制执行的争议时，需要综合考虑合同约定、相关法律规定及国际惯例和国际法律原则，确保争议能够得到公正、合理的解决。

（五）法律补偿的争议

在国际贸易中，当一方违约时，另一方可能要求法律补偿。解决这一问题需要根据合同约定和相关法律规定确定补偿的方式和金额，确保受损方能够得到合理的补偿。在合同中，双方通常会约定违约责任的相关条款，包括违约的定义、违约方应承担的责任、补偿的方式和金额等。根据合同约定，可以确定违约方应承担的法律责任，并确定补偿的方式和金额。

需要根据相关法律规定确定补偿的方式和金额。在国际贸易中，违约可能涉及不同国家的法律体系和司法实践。因此，在确定补偿的方式和金额时，需要考虑适用的法律规定，确保补偿能够得到法律认可和支持。通常情况下，受损方可以要求违约方支付合同金额的损失赔偿，以及可能产生的其他损失，如利息、律师费等。需要考虑双方的交易背景和商业惯例。在确定补偿的方式和金额时，可以考虑双方的交易背景和商业惯例，以确保补偿能够符合合理的商业标准。双方可以通过友好协商的方式解决补偿争议，避免因追求过高的赔偿而导致争议的进一步扩大。

第三节 法律效力和执行问题

一、国际贸易法律效力问题

在国际贸易争端解决中，国际贸易法律的效力问题是一个关键性议题，涉及国际法律体系的权威性、执行力及各国对国际法的遵守情况。

（一）国际贸易法律的权威性和约束力

国际贸易法律的权威性和约束力是国际贸易秩序的重要基础，其体现在各国广泛接受和遵守的程度。WTO作为国际贸易法律的主要执行机构，通过制定和执行《关税及贸易总协定》《技术性贸易壁垒协议》等一系列国际协议，具有重要的法律权威性和约束力。这些协议规定了国际贸易的基本规则和原则，对于维护国际贸易秩序、促进全球贸易发展起着至关重要的作用。然而，国际贸易法律的权威性并非没有争议。一些发展中国家认为，国际贸易法律更多地反映了发达国家的利益，对其权威性持保留态度。这些国家认为，国际贸易法律体系存在一些不公平和不合理之处，需要进行改革和调整，以更好地反映各国的利益平衡。尽管存在一些争议，但国际贸易法律的权威性和约束力仍然是不可否认的。随着全球化进程不断推进，各国之间的经济联系日益紧密，国际贸易法律的作用和影响也越来越重要。因此，各国应当通过合作和协商，共同维护和发展国际贸易法律体系，促进全球贸易的健康发展，实现互利共赢的局面。

（二）国际贸易法律的执行力

国际贸易法律的执行力是维护国际贸易秩序和促进全球贸易发展的重要保障。然而，在实际操作中，国际贸易法律的执行力受到各种因素的制约和影响。首先，国际贸易法律的执行受到各国政治因素的影响。一些国家可能会基于政治考虑，选择性地执行国际贸易法律，或者利用国内法律漏洞规避执行，这可能导致国际贸易法律的执行力受到挑战。其次，国际贸易法律的执行还受到经济因素的影响。一些国家可能会因为经济利益而采取拖延或规避执行的方式，如通过实施贸易壁垒或操纵汇率等手段来保护本国产业，这也会影响国际贸易法律的执行效果。文化因素也可能影响国际贸易法律的执行力。不同国家有不同的文化传统和观念，可能导致对国际贸易法律的理解和执行方式存在差异，进而影响国际贸易法律的执行效果。

为了提高国际贸易法律的执行力，各国可以采取以下措施：第一，加强国际合作，建立更加完善和有效的国际贸易法律执行机制，提高执行的效率和效果。第二，加强对国际贸易法律的宣传和教育，提高人们对国际贸易法律的认识和理解，增强其执行的自觉性和主动性。第三，加强监督和检查，及时发现和纠正违反国际贸易法律的行为，保障国际贸易法律的有效执行。第四，加强国际社会的监督和约束，对于不符合国际贸易法律规定的行为进行指责和制裁，推动各国履行国际贸易法律的义务，维护国际贸易秩序的稳定和发展。

（三）国际贸易法律的适用范围和争议解决机制

国际贸易法律的适用范围涉及不同法律体系之间的协调和统一，是国际贸易秩序的重要组成部分。国际商事合同中的适用法律、争端解决机制等问题都需要国际贸易法律的明确规定和有效执行。

国际商事合同中的适用法律问题是国际贸易法律适用范围的重要组成部分。根据《区域性国际私法公约》和相关国际惯例，当事人可以选择适用的法律，也可以根据合同性质和交易习惯确定适用法律。然而，在实际操作中，由于各国法律体系的差异和复杂性，国际商事合同中的适用法律问题经常成为争议焦点，需要通过国际贸易法律的明确规定和有效执行来解决。

国际贸易争端解决机制是国际贸易法律适用范围的另一个重要方面。根据 WTO 争端解决机制和相关国际协议，各国可以通过协商、调解、仲裁等方式解决国际贸易争端。然而，在实际操作中，由于各国对国际贸易争端解决机制的认可和遵守程度不同，国际贸易争端解决机制的效力常常受到质疑和挑战，需要通过加强国际合作和规范争端解决程序来提高其执行效果。

（四）国际贸易法律的发展和变革

国际贸易法律的发展和变革是适应国际贸易环境变化的必然结果，反映了国际社会对贸易规则的不断探索和完善。随着全球化和信息化的发展，国际贸易形式日益多样化和复杂化，国际贸易法律也在不断发展和变革。随着信息技术的发展，电子商务等新型贸易形式的出现对国际贸易法律提出了新的挑战。传统的国际贸易法律可能无法完全适应电子商务等新型贸易形式的特点和需求，因此需要对国际贸易法律进行相应的调整和完善，以促进新型贸易形式的发展和规范。

国际社会对贸易规则的认识和需求不断发生变化，也推动了国际贸易法律的发展和变革。例如，随着环境保护意识的提高，越来越多的国家开始关注贸易与环境之间的关系，国际贸易法律也在逐步增加环境保护等内容，以促进贸易和环境的协调发展。国际贸易法律的发展和变革也受到国际政治和经济格局的影响。国际政治和经济格局的变化可能导致国际贸易规则的调整和变革，以适应新形势下的贸易需求和挑战。

二、国际贸易法律执行问题

国际贸易法律的执行问题是影响国际贸易秩序和促进全球贸易发展的重要因素。在实际操作中，国际贸易法律的执行面临着一些挑战和问题，需要加强国际合作和规范，提高执行效率和效果。

（一）政治因素的影响

政治因素在国际贸易法律执行中的影响是不可忽视的。一些国家可能会出于政治考虑选择性地执行国际贸易法律，或者利用国内法律漏洞规避执行，这可能导致国际贸易法律的执行力受到挑战。这种现象的存在使得国际贸易法律的权威性和可信度受到质疑，进而影响到国际贸易秩序的稳定和可持续发展。

为了解决这一问题，各国应加强国际合作，共同维护国际贸易秩序。首先，各国可以加强信息共享，及时通报国际贸易法律的执行情况，避免因信息不对称而导致的执行差异。其次，各国可以加强监督机制，建立国际贸易法律执行的评估和监督机制，及时发现和纠正执行中的问题。此外，各国可以通过加强对国际贸易法律的宣传和普及，提高国际贸易法律的认知度和遵从度，降低政治因素对其执行的干扰。

各国应避免将国际贸易法律用作政治工具。国际贸易法律的本质是保障公平贸易和促进经济发展，而非用于实现政治目的。各国应树立正确的国际贸易理念，将国际贸易法律的执行置于经济发展和国际合作的大局下，避免将其政治化，以确保国际贸易法律的权威性和公正性。

(二) 经济因素的影响

在国际贸易中，经济因素对国际贸易法律执行的影响是不可忽视的。一些国家可能会因为经济利益而采取拖延或规避执行的方式，这会导致国际贸易法律的执行效果受到影响。例如，一些国家可能会通过实施贸易壁垒或操纵汇率等手段来保护本国产业，这不仅违反了国际贸易法律的规定，还损害了其他国家的利益，影响了国际贸易的公平性和效率性。

为了应对这一问题，各国应加强监督和检查，及时发现和纠正违反国际贸易法律的行为，保障国际贸易法律的有效执行。首先，各国可以建立健全的监督和检查机制，加强对贸易活动的监督，确保贸易行为符合国际贸易法律的规定。其次，各国可以加强国际合作，共同应对违反国际贸易法律的行为，形成合力，维护国际贸易秩序的稳定和可持续发展。此外，各国可以通过加强对国际贸易法律的宣传和普及，提高国际贸易法律的认知度和遵从度，降低经济因素对其执行的干扰。

各国应避免将经济因素作为干扰国际贸易法律执行的手段。国际贸易法律的目的是促进国际贸易的自由化和便利化，促进全球经济的繁荣和发展，而非用于保护本国产业或实现其他经济目的。各国应树立正确的经济发展理念，将国际贸易法律的执行置于全球经济合作和共赢的大局下，避免将其经济化，以确保国际贸易法律的权威性和公正性。

(三) 文化因素的影响

文化因素在国际贸易法律执行中起着重要作用。不同国家拥有不同的文化传统和观念，这可能导致对国际贸易法律的理解和执行方式存在差异，进而影响国际贸易法律的执行效果。例如，在一些国家，人们可能更注重传统的人际关系和信任，而在执行国际贸易法律时可能更倾向于寻求和解和妥协，而不是采取严厉的制裁措施。这种文化差异可能会导致在国际贸易法律执行过程中出现误解和冲突，影响国际贸易秩序的稳定和可持续发展。

为了解决这一问题，各国可以加强对国际贸易法律的宣传和教育，提高人们对国际贸易法律的认识和理解，增强其执行的自觉性和主动性。首先，各国可以通过开展宣传活动、举办培训班等方式，向公众和企业界介绍国际贸易法律的基本原则和规定，增强他们的法律意识和遵法意识。其次，各国可以通过加强国际交流和合作，促进不同文化背景下的交流与理解，减少文化差异可能带来的误解和冲突，有助于国际贸易法律的有效执行。此外，各国可以加强对国际贸易法律执行方式的研究和探讨，根据不同文化背景下的实际情况，制定灵活和适应性强的执行方式，以确保国际贸易法律的有效执行。例如，在执行国际贸易法律时，可以更注重与当地文化传统和观念的结合，采取更灵活和包容的方式，促进国际贸易法律的贯彻落实。

第四节　法律问题的解决方法

一、加强国际合作

各国应建立多边合作机制，加强国际贸易法律的宣传和培训。通过开展多边合作，各国可以共同研究和解决国际贸易法律中存在的问题，提高各国对国际贸易法律的认识和遵守度。加强国际合作，不仅可以促进国际贸易法律的有效执行，还可以为各国的经济发展和贸易往来提供良好的环境和保障。

国际贸易法律问题的解决需要加强国际合作。国际合作是维护国际贸易秩序稳定和促进经济发展的重要途径。各国应加强对国际组织（如WTO）的支持和信任，积极参与国际组织的活动，共同促进国际贸易法律的制定和执行。国际组织在国际贸易法律领域拥有丰富的经验和专业知识，可以为各国提供指导和帮助，促进国际贸易法律的落实和执行。各国应建立多边合作机制，加强国际贸易法律的宣传和培训。通过开展多边合作，各国可以共同研究和解决国际贸易法律中存在的问题，提高各国对国际贸易法律的认识和遵守度。加强国际合作，不仅可以促进国际贸易法律的有效执行，还可以为各国的经济发展和贸易往来提供良好的环境和保障。

二、建立有效的监督和制裁机制

建立有效的监督和制裁机制对解决国际贸易法律问题至关重要。建立国际贸易法律的监督机制是必不可少的。建立监督机制，可以及时发现和纠正违法行为，防止违法行为对国际贸易秩序的破坏。监督机制应当包括对国际贸易活动的监督和审查,确保贸易活动符合国际贸易法律的规定。建立严格的制裁措施是维护国际贸易法律权威性和严肃性的关键。对于违反国际贸易法律的行为,应当给予严厉的制裁,包括罚款、禁止进入市场等措施,以确保国际贸易法律的权威性和执行力。建立有效的监督和制裁机制,可以有效解决国际贸易法律问题,维护国际贸易秩序的稳定和可持续发展。

三、加强国际贸易法律的宣传和普及

加强国际贸易法律的宣传、普及是确保公众和企业了解并遵守相关法律的重要举措。国际贸易法律的内容涵盖了贸易活动中各方的权利和义务,对于保障贸易的公平、有序进行具有重要意义。因此,通过各种途径向公众和企业界介绍国际贸易法律的内容和意义,可以增强公众和企业界的遵守自觉性和主动性,促进国际贸易的健康发展。制订并实施相关的宣传计划和教育活动是加强国际贸易法律宣传普及的重要手段,包括开展专题讲座、举办研讨会、制作宣传资料等形式,向公众和企业介绍国际贸易法律的基本原则、适用范围、实施方式等内容,提高他们的法律意识和知识水平。此外,可以通过网络平台、媒体报道等方式扩大宣传覆盖面,提高国际贸易法律的知晓率和遵守率。

加强国际贸易法律的宣传和普及需要注重针对性和实效性。针对不同群体和行业的特点和需求,制定相应的宣传策略和教育内容,强化宣传效果。例如,针对企业界,可以重点介绍与其实际业务相关的国际贸易法律知识,帮助其更好地理解和遵守相关法律规定。同时,可以通过案例分析等方式,向公众和企业展示国际贸易法律的实际应用,增强宣传的实效性和说服力。加强国际贸易法律的宣传和普及需要各方共同参与,形成合力。政府部门应当加大宣传力度,提供必要的支持和资源,推动宣传活动的开展。企业应当加强自身的法律意识,积极参与宣传活动,提高遵守意识和能力。公众也应当关注国际贸易法律的宣传信息,增强法律知识,做到知法守法。只有通过各方的共同努力,才能更好地加强国际贸易法律的宣传和普及,促进国际贸易的稳定和可持续发展。

四、建立友好协商机制

建立友好协商机制是解决国际贸易法律问题的重要途径,有助于避免因法律手段导致的贸易摩擦和争端，维护各国的合法权益。通过友好协商，各国可以在尊重彼此权利的基础上，通过对话和妥协解决争端，维护国际贸易的稳定和可持续发展。建立友好协商机制需要各国共同努力，形成共识。各国应当积极倡导友好协商的理念，认识到友好协商是解决贸易争端的有效途径，愿意通过对话和妥协解决分歧。同时，各国应当建立相互尊重、平等协商的原则，避免强权霸道，维护国际贸易的公平和正义。

各国可以借鉴国际组织和多边协定的做法，建立友好协商的规则和程序，明确协商的对象、方式和时间等，确保协商的有效进行。同时，可以建立快速响应机制，及时处理国际贸易法律问题，防止问题扩大化。建立友好协商机制需要注重实效性和可持续性。各国应当建立长期稳定的合作机制，加强交流与合作，增进相互理解和信任，为友好协商打下坚实基础。同时，应当注重问题的根本解决，通过协商达成长期稳定的解决方案，避免问题反复出现，维护国际贸易的持续稳定发展。

五、加强国际贸易法律的研究和完善

加强国际贸易法律的研究和完善是确保国际贸易法律适应国际贸易发展需求、保持其有效性和可操作性的重要举措。随着国际贸易的不断发展和变化，国际贸易法律需要不断调整和完善，以适应新形势下的贸易需求，保障各方的合法权益。深入研究国际贸易法律的原理和规则，可以更好地理解其适用范围和实施方式，为国际贸易的健康发展提供法律支持。同时，可以通过研究国际贸易法律的执行情况，发现存在的问题和不足之处，为完善国际贸易法律提供参考。

各国应当加强交流与合作，共同探讨国际贸易法律存在的问题和改进的方向，形成共识并加以落实。同时，国际组织和多边协定应当发挥作用，推动国际贸易法律的完善和更新，以适应新形势下的国际贸易需求。加强对国际贸易法律执行情况的研究和评估是确保国际贸易法律有效执行的重要保障。对国际贸易法律执行情况的监测和评估，可以及时发现问题并采取相应措施，确保国际贸易法律的有效执行。同时，可以加强对国际贸易法律执行效果的评估，为进一步完善国际贸易法律提供参考。

第五章 国际贸易争端解决的经济问题

第一节 经济分析方法在争端解决中的应用

一、市场分析

分析市场结构、市场行为和市场效果等方面，可以全面了解争端对市场的影响，为争端解决提供经济依据。

市场结构的变化可能会影响市场的竞争程度和效率，从而影响各方的利益。对市场结构进行分析，可以评估争端对市场结构的潜在影响，为争端解决提供参考依据。例如，如果争端导致市场竞争减弱，可能会损害其他市场参与者的利益，需要采取措施保护市场竞争。

市场行为的变化可能会影响市场的运行方式和效果，从而影响市场参与者的行为和利益。通过对市场行为的分析，可以评估争端对市场行为的潜在影响，为争端解决提供经济依据。例如，如果争端导致市场参与者采取不当行为，可能会损害其他市场参与者的利益，需要采取措施维护市场秩序。

市场效果的变化可能会影响市场的整体效益和效率，从而影响市场的可持续发展。对市场效果进行分析，可以评估争端对市场效果的潜在影响，为争端解决提供经济依据。例如，如果争端导致市场效果下降，可能会损害市场参与者的整体利益，需要采取措施改善市场效果。

二、成本和效益分析

对争端解决方案的成本和效益进行分析，可以评估各种解决方案的可行性和优劣，帮助争端各方做出理性的决策，选择最合适的解决方案。

在国际贸易争端解决中，各种解决方案可能会涉及各种成本，如法律费用、调解费用、执行费用等。对这些成本进行分析，可以确定各种解决方案的实际成本，为争端各方提供决策依据。例如，如果一个解决方案的成本过高，可能会影响争端各方的选择，需要寻找更加经济合理的解决方案。

在国际贸易争端解决中，各种解决方案可能会产生不同的效益，如争端解决的效率提高、贸易关系改善、市场信心恢复等。对这些效益进行分析，可以确定各种解决方案的实际效益，为争端各方提供决策依据。例如，如果一个解决方案可以带来较大的经济效益，可能会成为争端各方的首选。

三、贸易流量分析

在国际贸易争端中，各种因素可能会影响贸易流量，如关税调整、贸易壁垒增加等。对贸易流量的变化情况进行分析，可以确定争端对贸易的实际影响程度，为争端解决提供客观依据。例如，如果贸易流量大幅下降，说明争端对贸易的影响比较严重，需要采取相应措施加以解决。

对贸易流量的变化情况进行分析，可以评估争端对不同贸易方（如进口国、出口国、中间经销商等）的实际影响程度，为争端解决提供差异化的依据。例如，如果某个贸易方受到的影响较大，可能需要给予相应的支持和补偿。在国际贸易争端解决中，需要优先解决对贸易流量影响较大的问题，以尽快恢复贸易秩序，保障贸易的正常进行。对贸易流量的变化情况进行分析，可以确定解决争端的优先方向，为争端解决提供指导。例如，如果某个贸易领域受到的影响较大，可能需要优先解决该领域的问题，以恢复贸易流量。

四、价格分析

在国际贸易争端中，各种因素可能会导致价格变动，如关税调整、市场供求变化等。对价格变动的影响进行分析，可以确定争端对价格的实际影响范围，为争端解决提供客观依据。例如，如果价格波动较大，说明争端对价格的影响比较显著，需要采取相应措施加以解决。

在国际贸易争端中，不同产品可能会受到不同程度的价格影响，如原材料、成品等。对不同产品价格的影响进行分析，可以评估争端对不同产品价格的实际影响，为争端解决提供差异化的经济分析依据。例如，如果某个产品价格下跌较多，说明该产品受到了较大的争端影响，需要采取相应措施加以解决。在国际贸易争端解决中，需要优先解决价格波动较大的问题，以恢复市场价格秩序，保障贸易的正常进行。对价格变动的影响进行分析，可以确定解决争端的优先方向，为争端解决提供指导。例如，如果某个产品价格波动较大，可能需要优先解决该产品的价格问题，以恢复市场价格稳定。

五、产业竞争分析

在国际贸易争端中，各种因素可能会影响产业竞争格局，如市场准入条件、技术创新能力等。对产业竞争格局的影响进行分析，可以评估争端对产业竞争格局的实际影响，为争端解决提供客观依据。例如，如果争端导致市场准入条件变得更加困难，可能会影响产业竞争格局，需要采取相应措施加以解决。

在国际贸易争端中，各种因素可能会影响产业结构，如产业布局调整、产业集中度变化等。对产业结构的影响进行分析，可以评估争端对产业结构的实际影响，为争端解决提供经济分析依据。例如，如果争端导致某个产业的发展受到阻碍，可能会影响产业结构的调整，需要采取相应措施加以解决。

在国际贸易争端解决中，需要优先解决对产业竞争格局和产业结构影响较大的问题，以保障产业的健康发展。对产业竞争格局和产业结构的影响进行分析，可以确定解决争端的优先方向，为争端解决提供指导。例如，如果某个产业受到的影响较大，可能需要优先解决该产业的问题，以保障其健康发展。

第二节 经济分析在争端解决中的局限性和挑战

一、经济分析在国际贸易争端解决中的局限性

（一）无法充分考虑非经济因素

经济分析在国际贸易争端解决中的局限性之一是无法充分考虑非经济因素。虽然经济因素在贸易争端中扮演着重要角色，但政治、文化、社会等非经济因素同样对贸

易争端的发生和解决产生着深远影响。

国家间的政治关系和政治立场往往会影响贸易政策的制定和执行，从而影响贸易争端的发生和解决。例如，两个国家之间的政治冲突可能导致贸易关系紧张，增加贸易争端的可能性，而经济分析往往无法全面考虑这种政治因素的影响。

不同国家、地区的文化差异可能导致对贸易政策的理解和执行存在偏差，从而影响贸易争端的发生和解决。例如，对知识产权的理解在不同文化背景下可能存在差异，这可能导致贸易争端的发生，而经济分析往往无法全面考虑这种文化因素的影响。

社会的经济结构、就业状况等因素可能会影响对贸易政策的理解和执行，从而影响贸易争端的发生和解决。例如，对于某些敏感行业的贸易政策可能会受到社会就业状况的影响，而经济分析往往无法全面考虑这种社会因素的影响。

（二）信息不完全或不对称

在国际贸易争端中，信息不完全或不对称是常见的现象，这种情况可能会导致经济分析的结论存在偏差。信息不完全是指在进行经济决策时，个体无法获得或无法完全获取市场中所有相关信息的情况。信息不对称则是指在市场参与者之间存在信息获取、处理和利用方面的差异，导致一方拥有更多或更准确的信息，另一方则相对缺乏或错误地理解了相关信息。

在国际贸易争端中，信息不完全或不对称的问题可能会对经济分析造成一定的影响。有关某个国家的贸易政策、市场准入条件等信息可能不够透明，这使其他国家或企业很难准确了解该国市场的运作规则和政策导向。这种信息不对称性可能会导致在贸易谈判或争端解决中，某些参与方基于不完整或不准确的信息做出错误的判断或决策，从而影响谈判的结果和解决争端的公正性。

另外，信息不完全或不对称可能导致市场资源的错误配置和经济效益的降低。在国际贸易中，企业在决策时通常会根据市场信息做出投资和生产决策，如果信息不完全或不对称，企业可能会做出不理想的决策，导致资源浪费和经济效益下降。例如，如果某个国家对外公布的市场准入条件不够清晰或存在歧义，那么外国企业可能会因为无法准确了解市场规则而错失进入该市场的机会，从而影响到企业的市场竞争力和经济效益。

信息不完全或不对称还可能导致市场的不稳定性和不可预测性增加。在国际贸易中，市场参与者的决策通常是基于对市场信息的判断和预期，如果信息不完全或不对称，那么市场参与者可能会做出过度或不足的反应，导致市场价格的波动和市场秩序的混乱。这不仅会影响到企业的经营和发展，还可能给整个市场带来不稳定因素，增加市场的风险和不确定性。

（三）模型假设的局限性

在进行经济分析时，经常会基于一定的模型假设进行建模。然而，这些模型假设可能存在一定的局限性，与实际情况存在较大差异，从而影响了经济分析的有效性。许多经济模型通常假设市场是完全竞争的，即市场上存在大量的买家和卖家，产品是同质化的，信息是完全透明的，并且不存在市场干扰或政府干预。然而，在实际情况中，市场往往并不是完全竞争的，可能存在垄断、寡头竞争或不完全信息的情况。这种市场结构的差异可能会导致经济分析的结论不够准确，因为完全竞争模型所得出的结论可能无法完全适用于实际市场。

许多经济模型还假设个体在做出决策时能够做出理性选择，即能够充分获取、处理和利用信息，并能够根据自身的利益最大化原则做出最优决策。然而，在现实生活中，个体的决策可能受到情绪、偏见、限制性认知等因素的影响，导致其行为并不总是符合理性选择的假设。这种情况可能会使模型对于实际情况的预测存在一定的偏差。

许多经济模型还假设市场参与者的行为是静态的，即在分析时不考虑时间的影响。然而，在实际市场中，市场参与者的行为往往是动态的，受到时间、历史、预期等因素的影响。这种动态因素可能会导致模型对市场的预测存在一定的局限性，因为模型无法完全捕捉到时间因素对市场的影响。

（四）时间和空间限制

在进行经济分析时，经常会受到时间和空间限制的影响，这可能导致分析结论的局限性。

首先，经济分析往往只能对特定时间段内的数据进行分析，而无法全面考虑贸易争端的长期影响。例如，在分析贸易争端对经济增长的影响时，往往只能基于已有的历史数据进行分析，而无法准确预测未来的发展趋势。这种时间限制可能会导致经济分析的结论只能反映贸易争端对经济的短期影响，而无法全面考虑其对经济长期发展的影响。

其次，经济分析往往只能针对特定地区或国家进行分析，而无法全面考虑贸易争端的全球性影响。例如，在分析贸易争端对某个国家经济的影响时，往往只能考虑到该国家内部的经济变化，而无法充分考虑到国际间的贸易关系和全球经济格局。这种空间限制可能会导致经济分析的结论局限于某个特定地区或国家，而无法全面反映贸易争端对全球经济的影响。

时间和空间限制还可能导致经济分析缺乏全面性和综合性。由于时间和空间的限制，经济分析往往只能针对某个特定方面或因素进行分析，而无法全面考虑到所有相关因素的影响。这可能导致分析结论的片面性和不全面性，影响到对贸易争端影响的全面理解。

（五）无法考虑复杂性

贸易争端的复杂性常常表现在多个因素的相互作用上，包括政治、经济、法律等方面。这些因素之间相互影响，使贸易争端的解决和预测变得十分复杂。然而，经济分析往往难以全面考虑这种复杂性，导致其对贸易争端的解释和预测能力受到限制。

政治因素可能包括国家间的政治关系、国内政治环境等因素，这些因素可能会对贸易争端的发展和解决产生重要影响。然而，经济分析往往只能局限于经济层面，难以充分考虑政治因素对贸易争端的影响，从而导致其对贸易争端的解释和预测能力受到限制。

经济因素可能包括贸易政策、市场准入条件、产业结构等因素，这些因素可能会对贸易争端的发展和解决产生重要影响。然而，经济分析往往只能局限于经济理论和数据，难以全面考虑经济因素对贸易争端的影响，从而导致其对贸易争端的解释和预测能力受到限制。

法律因素可能包括国际法、国内法等方面的规定和条款，这些法律因素可能会对贸易争端的发展和解决产生重要影响。然而，经济分析往往只能局限于经济理论和数据，难以全面考虑法律因素对贸易争端的影响，从而导致其对贸易争端的解释和预测能力受到限制。

二、经济分析在国际贸易争端解决中的挑战

(一) 信息不完全和不对称

国际贸易争端中的信息不完全和不对称是经济分析面临的重要挑战之一。这种情况使得在进行经济分析时往往无法获取到全部必要信息，或者各方拥有的信息不对称，从而影响了对争端影响的全面分析和准确预测能力。

信息不完全和不对称可能导致经济分析无法准确评估争端双方的贸易政策。例如，某个国家可能会实施一项新的贸易政策，但其具体内容可能并未完全公开或对外界透明，这使其他国家很难准确了解该政策的具体内容和影响。这种信息不完全和不对称可能导致对该政策的影响进行的经济分析存在一定的偏差。

信息不完全和不对称还可能导致经济分析难以准确评估争端双方的市场准入条件。市场准入条件对于企业的进入和发展至关重要，但是由于信息不完全或不对称，企业往往无法准确了解目标市场的准入条件，这可能导致市场准入的障碍和贸易争端的发生。经济分析如果无法准确评估市场准入条件，就无法全面分析贸易争端对市场准入的影响。

信息不完全和不对称还可能导致经济分析无法准确评估争端双方的市场份额和竞争状况。市场份额和竞争状况直接影响着贸易争端的发展和解决。然而，由于信息不完全或不对称，各方往往无法准确了解对方的市场份额和竞争状况，导致经济分析对贸易争端的影响评估存在一定的不确定性。

(二) 模型假设的局限性

在国际贸易争端解决中，经济分析常常受到模型假设的局限性影响。这些模型假设在理论上有其合理性，但与实际情况存在较大差异，导致经济分析的应用受到限制。经济分析通常基于市场完全竞争的模型假设。然而，实际市场往往存在垄断或寡头竞争等情况，这使市场不具备完全竞争的特征。市场结构的不同，导致市场行为和市场结果与完全竞争模型的假设不同，从而影响经济分析的准确性和适用性。

理性选择假设认为个体在决策时会根据自身的利益最大化原则做出最优选择。然而，在实际情况中，个体的决策可能受到情绪、偏见等因素的影响，导致其行为并不

总是符合理性选择的假设。这种情况可能导致经济分析忽略了人们的非理性因素，从而影响了对贸易争端解决的分析和预测能力。静态模型假设在分析时不考虑时间的影响，而实际市场往往是动态变化的。时间因素对市场的影响是不可忽视的，静态模型可能无法完全捕捉到时间因素对贸易争端解决的影响，从而限制了经济分析的应用。

（三）时间和空间限制

经济分析在国际贸易争端解决中面临的另一个挑战是时间和空间限制。经济分析往往只能对特定时间段内的数据进行分析，而无法全面考虑贸易争端的长期影响。这种时间限制可能导致经济分析的结论只能反映贸易争端对经济的短期影响，而无法全面考虑其对经济长期发展的影响。另外，经济分析往往只能针对特定地区或国家进行分析，而无法全面考虑贸易争端的全球性影响。这种空间限制可能导致经济分析的结论局限于某个特定地区或国家，而无法全面反映贸易争端的整体影响。

为了克服时间和空间限制带来的挑战，可以采用多种方法和技术，如建立动态模型，考虑到时间因素的影响；开展跨国研究，考虑到全球范围内的影响；加强数据收集和共享，提高对全球贸易的全面认识等。通过这些措施，可以更好地理解和解决贸易争端，促进全球贸易的发展。

（四）无法考虑复杂性

在处理贸易争端时，我们经常会发现一个问题，即经济分析难以全面考虑其复杂性。贸易争端涉及多个因素的交织，包括政治、法律、经济等各方面，它们相互作用，共同影响着争端的发展和解决过程。然而，当前的经济分析往往只能从经济角度出发，难以全面把握其他方面的因素，这限制了我们对贸易争端的解释和预测能力。

贸易争端往往受到政治因素的影响，如各国之间的政治关系、国内政治环境等。政治因素可能导致一些决策受到政治考虑的影响，而不是完全基于经济利益。这种情况下，仅从经济角度出发的分析可能无法准确预测各方的行为。

贸易争端还受到法律因素的制约，包括国际法和国内法。国际贸易规则和协定对贸易争端的解决提供了框架，但各国的法律体系和法律实施方式可能存在差异，这可能影响到贸易争端的处理结果。经济分析难以全面考虑法律因素的影响，这也是其局限性之一。

贸易争端还受到经济因素的影响，如市场因素、产业结构等。经济因素对贸易争端的发展和解决具有重要影响，但经济分析往往只能从整体经济效益的角度出发，无法全面考虑到各种经济因素的复杂性。

（五）政治因素的干扰

政治因素对国际贸易争端的干扰是一个复杂而深远的问题。在国际贸易争端中，政治动机往往会引起各方采取非经济性行动，这些行动可能导致争端解决的困难和效果的不确定性。例如，一些国家可能会利用贸易争端来迫使对手做出政治上的让步，而不是仅仅出于经济利益的考虑来寻求解决方案。在这种情况下，贸易争端往往不仅是经济问题，更是政治争端的延伸，解决起来更加困难。政治因素还可能导致对国际贸易规则的不公正执行。一些国家可能会出于政治考虑选择性地执行国际贸易法规定的义务，这可能导致争端解决的不公正结果。此外，一些国家可能会试图通过政治手段来规避国际贸易法规定的义务，这会对争端解决的公正性和有效性造成影响。

政治因素还可能导致贸易争端解决过程中信息的不对称。一些国家可能会利用政治资源来获取更多的信息和支持，这可能导致解决方案的不公正。此外，政治因素可能导致争端解决过程中的诚信问题，一些国家可能会出于政治目的而不履行其在争端解决中的承诺，这会影响解决方案的实施和有效性。

要解决政治因素对国际贸易争端的干扰，需要采取一系列措施。例如，需要加强国际社会对国际贸易规则的支持和执行，确保各国在贸易争端解决中遵守国际法律和规定；需要加强国际贸易争端解决机制的透明度和公正性，确保解决方案的制定和执行是公开、透明和公正的；需要加强国际社会的合作和协调，共同应对政治因素对国际贸易争端的干扰，推动国际贸易规则的有效执行和贸易争端的公正解决。

第三节 经济分析在争端解决中的启示和建议

一、经济分析在国际贸易争端解决中的启示

(一) 成本效益分析可以帮助各方评估各种解决方案的成本和效益

在解决国际贸易争端的过程中,成本效益分析扮演着至关重要的角色。当国际贸易争端发生时,各方需要仔细评估各种解决方案的成本和效益,以便选择最合适的方案来解决争端。成本效益分析不仅可以帮助各方了解不同解决方案的经济影响,还可以帮助他们更好地理解争端的复杂性和解决的难度。通过成本效益分析,各方可以更好地准备解决争端,从而达到最佳的解决效果。

成本效益分析可以帮助各方评估争端解决的成本。各种解决方案往往涉及各种费用,包括律师费、仲裁费用等。通过成本效益分析,各方可以清楚地了解不同解决方案的成本结构,从而选择最经济的解决方案。

成本效益分析可以帮助各方评估解决争端的效益。不同的解决方案往往会带来不同的经济效益。通过成本效益分析,各方可以清楚地了解不同解决方案的效益,从而选择最有效的解决方案。

成本效益分析可以帮助各方选择最合适的解决方案。在国际贸易争端解决中,各方需要综合考虑成本和效益,选择最合适的解决方案。通过成本效益分析,各方可以更好地理解不同解决方案的优缺点,从而做出更明智的决策。

(二) 经济分析有利于提升市场准入的开放程度

市场准入的开放程度直接影响贸易伙伴之间的经济往来,也是评估贸易争端背后实质性问题的重要途径。经济分析能够帮助揭示市场准入的障碍和影响因素,为解决贸易争端提供理论支持和政策建议。

市场准入问题的核心在于公平和平等。各国对外开放市场的意愿和能力直接决定了市场准入的公平性。贸易争端往往源自市场准入的不公平,例如,某些国家实施贸易壁垒,限制外国产品进入本国市场,这种做法可能违反 WTO 规则,引发贸易争端。

经济分析可以帮助判断这些措施是否违反了贸易规则,并评估其对市场准入的实际影响。

市场准入问题还涉及市场准入障碍的种类和影响因素。市场准入障碍包括贸易壁垒、非关税措施等。这些障碍可能导致市场准入的不公平和歧视,影响国际贸易的正常进行。经济分析可以帮助识别这些障碍,并提出相应的政策建议,促进市场准入的公平和透明。除市场准入障碍外,市场准入问题还受到一系列影响因素的影响。例如,国家的法律法规、产业政策、市场结构等因素都可能影响市场准入的公平性和开放程度。经济分析可以帮助分析这些因素对市场准入的影响,并提出相应的政策建议,促进市场的自由化和开放。

(三)经济分析可以促进贸易政策的优化和调整

贸易政策评估是确保贸易政策有效性和可持续性的重要步骤。经济分析在这方面扮演着关键的角色,可以帮助评估各国的贸易政策对国际贸易的影响,从而提供政策建议,促进贸易政策的优化和调整。

经济分析可以帮助评估贸易政策的效果。通过比较政策实施前后的贸易数据和经济指标,可以分析政策对出口、进口、经济增长等方面的影响。例如,降低关税是否促进了出口增长、是否增加了就业机会等。这种分析有助于评估贸易政策的效果,为政策的调整提供依据。

经济分析可以帮助评估贸易政策的潜在负面影响。贸易政策可能会对其他产业、就业等方面产生负面影响,经济分析可以帮助识别这些潜在的负面影响,并提出相应的政策建议,避免不良后果。例如,贸易保护主义可能导致贸易摩擦,损害国际贸易体系的稳定性和可预测性。

经济分析还可以帮助评估贸易政策对经济结构和产业升级的影响。贸易政策可能会影响到不同产业的竞争力和发展方向,经济分析可以帮助评估政策对产业结构和产业升级的影响,为产业政策的制定提供参考。

(四)经济分析可以优化争端解决机制

国际贸易争端解决机制的优化是促进国际贸易健康发展的关键一环。经济分析在这一领域发挥着重要作用,可以帮助评估各种争端解决机制的效果和局限性,提出改进建议，使解决机制更加高效、公正。

经济分析可以帮助评估不同争端解决机制的效果。例如，通过比较单边主义和多边主义的争端解决机制，可以分析它们在争端解决效率、成本、公正性等方面的差异。这种分析有助于评估不同机制的优缺点，为选择合适的解决机制提供参考。

经济分析可以帮助评估争端解决机制的局限性。争端解决机制可能存在审理周期长、成本高、执行力度不足等问题，经济分析可以帮助识别这些问题，并提出相应的改进建议。例如，简化争端解决程序、增加专业人员培训等措施都可以提高解决机制的效率和公正性。

经济分析还可以帮助评估争端解决机制对国际贸易体系的影响。争端解决机制的优化不仅可以促进争端解决效率，还可以增强国际贸易体系的稳定性和可预测性。经济分析可以帮助评估这种影响，并提出相应的政策建议，促进国际贸易体系的健康发展。

（五）经济分析可以揭示各方的合作机会

在解决贸易争端的过程中，经济分析可以揭示各方的合作机会。通过分析各方的利益和诉求，可以找到解决争端的共同利益点，促进各方达成合作共识。

经济分析可以帮助识别各方的核心利益。在贸易争端中，各方往往有不同的利益诉求，导致争端难以解决。经济分析可以帮助分析各方的利益驱动因素，找到彼此的共同利益点。例如，通过比较各方的贸易数据和经济指标，可以发现双方在贸易合作方面存在着潜在的合作机会，从而为解决争端提供合作基础。

经济分析可以帮助评估合作机会的可行性。合作机会可能受到各种因素的影响，如政治因素、经济条件等。经济分析可以帮助评估这些因素对合作机会的影响，为合作方案的制定提供依据。例如，通过分析双方的经济条件和政治态度，可以评估双方达成合作共识的可能性，为合作方案的制定提供参考。

经济分析还可以帮助设计合作方案。合作方案需要考虑各方的利益和诉求，以及合作的具体形式和内容。经济分析可以帮助设计合作方案，使其符合各方的利益和诉求，促进各方达成合作共识。

二、经济分析在国际贸易争端解决中的建议

（一）深入分析争端背后的经济因素

在国际贸易争端解决中，深入分析争端背后的经济因素至关重要。深入分析争端双方的经济数据和贸易政策，可以揭示争端的真正原因和影响，评估贸易政策对各方经济利益的影响，找到解决争端的经济合作机会。深入分析争端背后的经济因素有助于揭示争端的真正原因。贸易争端往往是由于双方在贸易政策、市场准入等方面存在分歧而产生的。分析双方的经济数据，可以了解双方在贸易结构、贸易优势等方面的情况，从而揭示争端的本质原因。

深入分析争端双方的贸易政策有助于评估贸易政策对各方经济利益的影响。贸易政策的制定和调整可能会对各方的出口、进口、经济增长等方面产生影响。分析这些影响，可以评估贸易政策对各方经济利益的正面和负面影响，为解决争端提供依据。深入分析争端背后的经济因素有助于找到解决争端的经济合作机会。分析双方的经济数据和贸易政策，可以找到双方在贸易合作方面存在的潜在机会。例如，双方可以通过贸易调整、市场准入等方式加强合作，解决贸易争端，促进贸易自由化和市场开放。

（二）强调多边主义和规则的重要性

在国际贸易争端解决中，强调多边主义和规则的重要性是不可忽视的。支持多边主义贸易体制，认为其能够提供公正、透明、可预测的争端解决机制。同时，强调贸易规则的重要性，认为贸易争端解决应遵循明确的规则和程序。多边主义贸易体制是维护国际贸易秩序的重要保障。多边主义通过建立公平、开放、包容的贸易体制，促进各国间的经济合作和发展。在贸易争端解决方面，多边主义提供了一个公平、透明的平台，让各国在平等对话的基础上解决争端，避免了强权对弱权的不公平对待。贸易规则的制定和遵守是维护贸易秩序的关键。贸易规则为各国提供了行为准则和标准，有助于规范国际贸易行为，保障贸易的顺利进行。在贸易争端解决中，遵循明确的规则和程序可以确保争端的公正性和合法性，避免了争端的不当干预和强权主义。

(三) 提出争端解决机制的改进建议

争端解决机制是国际贸易体系中至关重要的一环,然而,目前的争端解决程序存在诸多问题,如审理周期长、成本高、效率低下等。为了提高争端解决的效率和质量,有必要对现有机制进行改革和完善。提倡简化争端解决程序。目前的程序烦琐复杂,导致审理周期长、成本高。可以借鉴一些简化程序的做法,如简化证据提交程序、减少听证会次数等,以缩短解决周期,降低成本。

争端解决机构的工作人员应具备专业知识和技能,才能更好地履行职责。因此,应加强对解决机构人员的培训,提高其专业水平和解决质量。当前的争端解决机构多为临时性机构,缺乏持续性和稳定性。可以考虑建立专门的争端解决机构,专门负责处理国际贸易争端,提高解决效率和质量。加强解决机构的信息化建设。利用现代信息技术,建立起完善的案件管理系统,实现信息的快速传递和共享,提高工作效率。加强国际合作,共同推动争端解决机制的改革和完善。国际贸易是各国共同的利益所在,各国应加强合作,共同推动争端解决机制的改革和完善,为国际贸易的健康发展提供更好的保障。

(四) 强调国际合作和对话

在当前国际贸易环境下,加强国际合作和对话是解决贸易争端的重要途径。各国应该通过对话和协商来解决贸易争端,避免采取单边主义措施,以维护贸易体系的稳定和可持续发展。倡导各国加强合作,共同应对贸易争端。贸易争端往往涉及多个国家之间的利益和关系,单个国家很难独自解决。因此,各国应该加强合作,通过对话和协商来解决贸易争端,共同维护国际贸易秩序的稳定和规则的有效性。

提倡建立多边贸易谈判机制。多边贸易谈判机制是解决贸易争端的重要平台,通过多边贸易谈判,各国可以就贸易分歧进行协商,找到共识,最终达成解决方案。这有助于维护贸易体系的稳定和可持续发展。对话是解决贸易争端的有效途径,各国可以通过对话来表达各自的立场和诉求,增进相互理解,最终找到解决问题的方案。因此,各国应该重视对话,避免采取单边主义措施,以维护国际贸易的平衡和稳定。加强国际合作,共同推动贸易体系的改革和完善。国际贸易是各国共同的利益所在,各国应该加强合作，共同推动贸易体系的改革和完善，为国际贸易的健康发展提供更好的保障。

（五）关注贸易政策的长期影响

在制定和执行贸易政策时，需要关注其长期影响，警惕短期政策可能带来的负面影响，提倡制定长远稳健的贸易政策。贸易政策的长期影响涉及产业结构和就业等多个方面，需要提出合理的政策建议，促进产业升级和就业增长。一些短期贸易政策可能会在短期内带来一定的好处，但可能会对长期经济发展产生负面影响。例如，过度依赖低价进口产品可能会导致国内产业的衰退，影响长期产业竞争力。

长远稳健的贸易政策应该考虑到国家长期经济发展的需要，避免过分依赖短期利益的考虑，坚持改革开放，促进国内产业的升级和提升竞争力。关注贸易政策对产业结构和就业的影响。贸易政策的调整可能会对产业结构和就业产生重大影响，需要采取合理的政策措施，促进产业升级和就业增长。例如，可以通过培育新兴产业、加大技术创新等方式，推动产业升级，提升国内产业的竞争力。提出合理的政策建议，促进产业升级和就业增长。政府可以通过制定促进产业升级的政策，如加大对新兴产业的支持力度，提高技术创新能力，推动产业结构的优化升级。同时，政府可以通过加大对就业的支持力度，提高就业机会，促进就业增长。

第四节　经济问题的解决方法

一、促进贸易自由化

促进贸易自由化是推动国际贸易发展和经济增长的重要途径。降低关税壁垒是其中的关键一环。降低关税可以降低商品价格，提高消费者购买力，促进跨境贸易。

减少非关税壁垒也是促进贸易自由化的重要措施。非关税壁垒包括配额、许可证、贸易救济措施等，这些措施可能会对贸易造成限制和阻碍，因此减少非关税壁垒对于促进贸易自由化至关重要。

简化贸易程序也是促进贸易自由化的重要手段。简化贸易程序可以减少贸易中的行政程序和时间成本，提高贸易效率，降低贸易成本，促进贸易便利化。

二、加强监管与合作

加强监管与合作是维护国际贸易秩序稳定的关键。建立健全的监管机制是确保贸易活动公平、有序进行的基础。监管机制应包括监督和管理贸易活动的规则、制度和机构，以及对违规行为的处罚措施。

加强国际间的合作与协调是维护国际贸易秩序稳定的重要途径。国际间的合作可以通过建立多边贸易协定、加强国际组织的作用、促进信息共享和技术合作等方式实现。

共同应对贸易争端和贸易不规范行为是维护国际贸易秩序稳定的重要内容。贸易争端可能会导致贸易关系紧张，甚至引发贸易战，因此需要加强国际间的协商和调解，寻求和平解决争端的途径。同时，对于贸易不规范行为，如偷税漏税、假冒伪劣等，国际社会应该加强监管和打击，维护贸易秩序的公平和公正。

综上所述，加强监管与合作是维护国际贸易秩序稳定的重要举措。建立健全的监管机制、加强国际间的合作与协调、共同应对贸易争端和贸易不规范行为，可以有效维护国际贸易秩序的稳定，促进全球贸易的健康发展。

三、推动产业升级和创新

推动产业升级和创新是促进经济发展和贸易增长的关键。政策引导和投资支持，可以推动传统产业向高端、智能化方向升级，提升产业竞争力。传统产业升级是指通过引入先进技术和管理经验，改造生产方式和产品结构，提高产品质量和附加值，从而提升产业竞争力和市场地位。智能化是指利用信息技术、人工智能等先进技术，提高生产过程的自动化程度和智能化水平，实现生产效率的提升和产品质量的提高。培育新兴产业是指通过政策支持和投资引导，发展具有市场潜力和技术优势的新兴产业，为经济增长和贸易发展注入新的动力。政府可以通过加大对产业升级和创新的支持力度，制定相关政策和措施，鼓励企业加大技术研发和创新投入，推动产业结构的优化和升级。同时，政府还可以通过建立科技创新基地、加强人才培养等方式，提高科技创新能力，推动产业升级和创新发展。

推动产业升级和创新不仅可以提升产业竞争力，还可以促进经济结构调整和提高经济增长质量，为经济持续发展和贸易增长提供有力支撑。

四、加强人才培养

加强人才培养是推动国际贸易经济问题解决的重要举措。贸易、经济、法律等相关领域的人才是贸易活动中不可或缺的重要力量。加大对这些领域人才的培养力度，可以提高从业人员的专业水平和解决问题的能力，从而更好地应对国际贸易经济问题。在贸易领域，人才的培养应注重贸易规则、国际贸易政策、贸易实务等方面的知识和技能。他们需要了解国际贸易的基本原理和规则，掌握贸易谈判和争端解决的技巧，具备分析国际贸易形势和制定贸易策略的能力。

在经济领域，人才的培养应注重宏观经济、微观经济、国际经济等方面的知识和技能。他们需要了解经济发展的基本原理和规律，具备分析经济数据和制定经济政策的能力，能够预测和应对经济风险。在法律领域，人才的培养应注重国际贸易法、国际经济法、知识产权法等方面的知识和技能。他们需要了解国际法律的基本原理和规则，具备分析法律文件和解决法律问题的能力，能够维护国际贸易秩序的稳定和规范。

五、推动贸易便利化

推动贸易便利化是促进国际贸易发展和经济增长的关键。简化贸易手续是实现贸易便利化的重要措施之一。简化贸易手续可以减少贸易活动中的行政程序和时间成本，提高贸易效率，降低贸易成本。加快通关速度是实现贸易便利化的关键环节。速度的加快可以缩短货物通关时间，降低通关成本，提高通关效率，促进贸易的顺畅进行。降低贸易成本是实现贸易便利化的重要目标。降低贸易成本可以降低商品价格，提高商品竞争力，促进贸易活动的开展。提高贸易效率是实现贸易便利化的关键要素。提高贸易效率可以加快货物流通速度，提高资源利用效率，促进贸易的顺畅进行。

简化贸易手续、加快通关速度、降低贸易成本、提高贸易效率等措施，可以推动贸易便利化，促进贸易的顺畅进行，为经济增长和贸易发展提供有力支撑。

六、加强国际合作

加强国际合作是应对全球性挑战和推动经济共同繁荣的必然选择。在全球化的背景下，各国经济相互依存，面临着共同的挑战和机遇。加强国际合作，共同应对全球性挑战，是实现经济共同繁荣的关键。加强国际间的合作有助于共同应对全球性挑战。全球性挑战（如气候变化、疫情防控、粮食安全等）需要各国携手合作，共同制定应对措施，共同应对挑战。只有通过加强合作，才能有效应对这些全球性挑战，实现经济的可持续发展。

加强国际合作有助于推动建设开放型世界经济。开放型世界经济能够促进国际贸易和投资自由化便利化，推动资源配置优化和效率提高，促进全球经济的增长和繁荣。加强国际合作，共同推动建设开放型世界经济，有利于促进各国经济的共同繁荣。加强国际合作有助于促进经济的共同繁荣。各国在经济发展中面临着各种挑战和困难，通过加强合作，可以共同制定解决方案，互利共赢，实现经济的共同繁荣。只有通过加强国际合作，各国才能共同应对挑战，实现经济的可持续发展。

七、提升贸易技术水平

贸易技术的研发和应用可以提高贸易的科技含量和附加值，推动贸易的升级和转型。

贸易技术的研发可以提高产品质量和生产效率，降低生产成本，提升产品附加值，增强企业的市场竞争力。引进和创新贸易技术，可以有效提高企业的生产能力和经营水平，提高贸易的科技含量。

加强贸易技术的应用是提升贸易竞争力的关键。贸易技术的应用可以改善贸易流程，提高贸易效率，降低交易成本，增加交易便利性。引进和应用先进的贸易技术，可以有效提高贸易的附加值，提升贸易的国际竞争力。

加强贸易技术的研发和应用有利于促进贸易结构的优化和升级。贸易技术的研发和应用可以促进传统产业向高端、智能化方向升级，推动新兴产业的发展，促进贸易结构的优化和升级，提升贸易的国际竞争力。

第六章 国际贸易争端解决的政治问题

第一节 政治因素对争端解决的影响

一、政治意愿和决策对争端解决的影响

政治意愿和决策对国际贸易争端解决具有重要影响。国家领导人和政府机构的决策，包括是否愿意通过谈判、调解、仲裁或诉讼等方式解决争端，直接影响着争端的最终结果。

（一）解决方式选择

政治意愿和决策在国际贸易争端解决中扮演着至关重要的角色，将直接影响选择何种方式解决争端。国家在面对贸易争端时，可能会根据各种因素来决定采取的解决方式。政府可能更倾向于通过谈判达成协议，以实现双方的共赢。选择谈判解决争端，可以避免长期的法律纠纷，减少成本和时间的浪费，有利于维护国际贸易体系的稳定和预测性。此外，谈判可以帮助各方更好地理解对方的立场和需求，为未来的合作奠定基础。

仲裁机构通常由双方共同选定，具有独立性和公正性，能够公正地审理争端，并做出具有法律约束力的裁决。选择仲裁解决争端，可以避免政治因素的介入，确保争端的公正解决。仲裁通常比诉讼更加高效，可以快速解决争端，减少争端给双方带来的损失。政府还可以选择通过诉讼等司法手段解决争端。诉讼是一种正式的法律程序，通过法院裁决来解决争端。诉讼的优势在于可以确保争端按照法律程序解决，裁决具有法律约束力。然而，诉讼通常需要更长的时间和更高的成本，可能会加剧争端双方

的对立情绪，不利于双方未来的合作。

（二）谈判策略

在国际贸易争端解决中，政治意愿和决策对国家在谈判中的策略和立场起着至关重要的作用。不同的国家可能会根据其国家利益、政治考量和谈判目标采取不同的策略和立场。一些国家可能会采取强硬立场，强调维护国家利益，这种立场通常表现为坚持原则、强调权利和主张自身立场的重要性。这种策略可能会使谈判更加困难，但有时也是必要的，特别是当涉及国家核心利益或重大原则时。另一些国家可能更倾向于妥协和寻求共识。这种立场通常表现为愿意做出让步、寻求双赢解决方案和尊重对方立场。这种策略有助于缓解争端双方的对立情绪，促进谈判的顺利进行。然而，过度妥协可能会损害国家利益，因此在采取妥协立场时需要谨慎考虑。政治意愿和决策还会影响国家在谈判中的灵活性和创造力。一些国家可能会更加灵活，愿意尝试各种可能的解决方案，以达成最终协议。这种灵活性和创造力可以帮助国家在谈判中取得更好的结果，避免陷入僵局。

（三）时间和资源投入

在国际贸易争端解决中，政治意愿和决策对国家愿意投入解决争端所需的时间、人力和财力资源起着重要作用。不同的国家可能会根据其政治考量、争端的重要性和解决方式的效率等因素来决定资源投入的程度。一些国家可能会更积极地投入资源，以尽快解决争端。这种立场表明政府愿意投入更多的时间、人力和财力资源，以加快争端解决的进程。这种策略的优势在于可以尽快结束争端，减少争端对国家经济和外交的影响。然而，过度投入资源可能会导致资源浪费，特别是当争端的解决并不紧急或并不具有重大影响时。

另一些国家可能会更谨慎地考虑资源投入。这种立场表明政府更注重资源的有效利用和节约，可能会更加审慎地评估争端的重要性和解决的必要性。这种策略的优势在于可以避免资源的浪费，确保资源的有效利用。然而，过度谨慎可能会导致争端解决的拖延，影响国家的利益和形象。政治意愿和决策还会影响国家在争端解决中的战略规划和资源分配。政府可能会根据争端的性质和复杂性制定相应的战略规划，合理分配人力和财力资源。政府还可能会考虑到国内外的舆论和政治压力，以及争端解决的时间表和进程，制订资源投入的计划。

（四）政治因素的介入

政治因素在国际贸易争端解决中起着至关重要的作用。在某些情况下，政治领导人可能会直接介入争端解决的决策过程，特别是当争端涉及国家的核心利益或国家形象时。这种介入可能会影响争端解决的方向和结果，因为政治考虑通常与经济和法律考虑不完全一致。政治领导人的介入可能会导致争端解决机制的改变。例如，一些国家可能会选择通过双边谈判来解决争端，而不是通过多边机构如 WTO 的争端解决机制。这种选择可能是基于政治领导人对于双边关系的重视，以及对于多边机构效率和公正性的质疑。因此，政治领导人的决策可能会直接影响到争端解决的过程和结果。

政治领导人可能会设定解决争端的时间表，并要求在特定时间内达成协议。这可能会导致双方在谈判中采取更为强硬的立场，以尽快达成协议。然而，这种时间压力也可能会导致协议达成的质量受到影响，因为双方可能会牺牲一些利益以便尽快达成一致。政治领导人的介入还可能会影响到争端解决的公正性和透明度，他们可能会对解决方案提出自己的建议，并可能会干预争端解决机构的决策过程。这可能会引发争议，因为其他国家可能会认为这种干预影响了解决方案的公正性和透明度。因此，在政治领导人的介入下，争端解决的过程可能会受到质疑，并可能会导致争端的进一步复杂化。

（五）国内政治环境影响

政府在处理争端时，往往会考虑国内政治的稳定性和舆论压力，这些因素可能会影响其在争端解决中的立场和决策。国内政治的稳定性可能会影响政府在争端解决中的决策。政府可能会考虑解决争端是否符合国内政治的需要，以及是否会对政府的稳定性造成影响。如果解决争端可能会引发国内政治动荡或不满情绪，政府可能会更倾向于采取强硬立场，以维护国内政治的稳定性。因此，国内政治的稳定性可能会成为政府在争端解决中权衡的因素之一。

如果公众普遍支持政府采取强硬立场解决争端，政府可能会更有动力采取这样的立场；相反，如果公众对政府的解决方式持质疑或反对态度，政府可能会更加谨慎地处理争端，以避免舆论压力过大。因此，舆论压力可能会影响政府在争端解决中的灵活性和决策效率。政府可能会考虑到解决争端是否符合其政治利益，以及是否会影响到政府的声誉和执政地位。如果解决争端可以增强政府的政治地位或提升其声誉，政府可能会更积极地寻求解决方案；相反，如果解决争端可能会损害政府的政治利益，政府可能会采取更为谨慎的态度，以避免政治风险。

二、国家利益和战略考量对争端解决的影响

国家利益和战略考量在争端解决中扮演关键角色。国家可能会根据自身利益和战略考量来选择最佳的解决方案，有时可能会选择将争端政治化以获取更多的谈判筹码。

（一）利益优先原则

在争端解决中，国家通常会把维护自身利益置于首位。这一原则反映了国家在国际关系中的现实主义立场，强调国家应当根据自身利益来决定行动方针，而不是基于道义或道德考量。

在国际贸易谈判中，利益优先原则表现为国家采取各种措施来保护本国产业、市场准入条件或其他重要利益。例如，一国可能会在关税谈判中坚持降低对其出口产品的关税，以换取对方在其他领域的让步。这种做法旨在通过牺牲部分利益换取整体利益的最大化，体现了国家在国际贸易中的策略性思维和谈判技巧。

当国家面临与其他国家的争端时，往往会优先考虑本国利益的维护。例如，如果一国认为另一国的贸易政策损害了自己的利益，可能会选择通过国际组织或双边谈判等方式来解决争端，以维护自身的合法权益。利益优先原则并不意味着国家可以无视国际规则和准则。

在国际事务中，国家必须遵守国际法和国际共识，尊重其他国家的主权和利益。因此，利益优先原则应当在尊重国际规则和准则的基础上加以实践，以确保国际关系的稳定和可持续发展。

（二）谈判筹码的获取

在国际事务中，国家为了获取更多的谈判筹码，有时会选择将争端政治化。这种做法通常涉及将争端与其他政治议题联系起来，以增加自身在谈判中的议价能力。政治化争端的方式有多种，包括将争端与领土、主权、人权等议题联系起来，或者利用

国内政治形势对外交谈判施加影响。将争端政治化可以为国家获取更多的谈判筹码。政治化争端可以引起国际社会的关注和压力，迫使对方在谈判中做出让步。例如，一国可以将贸易争端与人权问题联系起来，以迫使对方改善人权状况。政治化争端可以增加谈判的复杂性，使对方在谈判中难以把握局势，从而增加自身的议价空间。政治化争端还可以动员国内舆论和政治力量，增加国内对外交谈判的支持度，为政府在谈判中争取更多的利益提供支持。将争端政治化也存在一定的风险和局限性。政治化争端可能会导致争端解决的时间延长，甚至导致谈判的破裂，从而加剧争端的严重程度。政治化争端可能会导致国际关系的恶化，加剧双方的对立和冲突，不利于维护国际和平与稳定。因此，国家在选择将争端政治化时，需要权衡利弊，谨慎处理，以确保最终达成符合自身利益的解决方案。

（三）国际声誉和形象

在处理国际争端时，国家通常会考虑到解决争端对其国际声誉和形象的影响。国际声誉、形象对国家的国际地位和影响力具有重要意义，因此国家在处理争端时往往会采取一些措施来维护自身的形象和声誉。国家可能会选择通过友好协商解决争端，以避免在国际社会中被视为争端的主导者或破坏者。友好协商不仅可以有效解决争端，还可以展现国家的外交智慧和包容精神，有利于提升国家的国际形象。例如，一国可以通过外交途径和平解决与邻国的领土争端，以展现其在国际事务中的负责任态度，增强国际社会对其的好感和支持。

国家还可以通过参与国际组织和多边合作来维护国际声誉及形象。国际组织通常是解决争端的重要平台，国家通过积极参与国际组织的活动，可以展现其在国际事务中的合作意愿和贡献精神，有利于树立其在国际社会中的良好形象。例如，一国可以通过参与联合国维和行动等活动，来展示其在国际和平与安全事务中的积极作用，提升其在国际社会中的地位和声誉。国际声誉和形象维护也面临一些挑战和限制。一些国家可能会利用争端来提升自身的国际形象，通过制造争端来转移国内矛盾或达到其他政治目的。因此，国家在处理争端时，需要审慎考虑其对国际声誉和形象的影响，避免因处理不当而造成负面影响。

(四) 战略目标和长远利益

在处理国际争端时，国家通常会考虑解决争端对其战略目标和长远利益的影响。国家的战略目标和长远利益涉及国家的国家安全、经济发展和地区影响力等方面，因此在处理争端时，国家往往会采取一些策略来维护和推动其战略目标和长远利益。国家可能会选择采取某种解决方案，以推动其在国际贸易中的战略地位。国际贸易对国家的经济发展至关重要，因此国家在处理贸易争端时，往往会考虑到解决争端对其国际贸易地位和经济利益的影响。国家可能会通过谈判、调解等方式解决争端，以确保其在国际贸易中的利益不受损害，推动其经济发展战略的实现。

国家还会考虑到解决争端对其长期经济发展目标的影响。国家的长期经济发展目标涉及经济结构调整、产业升级、科技创新等方面，因此在处理争端时，国家可能会采取一些措施来维护和推动其长期经济发展目标。例如，一国可能会通过协商、合作等方式解决与其他国家的技术转让争端，以促进自身科技创新能力的提升，推动产业结构调整和升级。国家在追求战略目标和长远利益时，也面临一些挑战和限制。一些国家可能会利用争端来达到短期政治目的，从而牺牲长远利益。因此，国家在处理争端时，需要审慎考虑其对战略目标和长远利益的影响，避免因短视行为而造成长期损失。

三、外交关系和国际声誉对争端解决的影响

解决国际贸易争端涉及国家的外交关系和国际声誉。国家在解决争端时会考虑到其在国际社会中的形象和声誉，避免因解决争端而造成不利影响。

(一) 外交关系的重要性

在国际事务中，外交关系是国家的核心。良好的外交关系对国家在争端解决中的立场和能力具有直接影响。外交关系可以为国家争取更多的支持和资源。在国际事务中，国家往往需要依靠其他国家的支持和合作来实现自身的利益。良好的外交关系可以为国家赢得他国的信任和支持，使其在争端解决中更具议价能力。例如，一国在与邻国的领土争端中，如果能够赢得其他大国的支持，可能会更容易取得有利的解决方案。

在处理争端时，国家可以通过外交渠道寻求第三方调解，或者利用国际组织和多

边合作的平台来解决争端。良好的外交关系可以使国家更容易获得这些外部支持和帮助，从而更有效地解决争端。外交关系还可以为国家提供信息和情报支持。

在处理争端时，国家往往需要及时了解其他国家的立场和动向，以制定相应的对策。良好的外交关系可以使国家更容易获取这些信息和情报，为其在争端解决中提供支持和指导。

(二) 国际声誉的影响

国际声誉是国家在国际社会中的形象和信誉，对国家在争端解决中的议价能力和影响力具有直接影响。国际声誉的好坏直接决定了国家在国际事务中的地位和作用，因此对于国家而言具有重要意义。良好的国际声誉可以使国家在争端解决中更具说服力。国际社会往往更愿意相信声誉良好的国家，认为其言行具有可靠性和可信度。因此，在争端解决中，国家如果拥有良好的国际声誉，往往更容易赢得国际社会的支持和理解，从而更有利于解决争端。

良好的国际声誉可以增强国家在争端解决中的议价能力。声誉良好的国家往往更受其他国家的尊重和重视，其提出的解决方案也更容易被接受。因此，在争端解决中，国家如果拥有良好的国际声誉，往往能够更有效地推动解决方案的达成，维护自身的利益。如果国家的国际声誉受损，可能会导致国际社会对其不信任，加剧争端的难以解决。声誉不佳的国家在提出解决方案时往往会受到怀疑和质疑，其所提出的方案也更难被接受。因此，国家在处理争端时，需要注意维护自身的国际声誉，避免因声誉受损而影响争端解决的效果。

(三) 外交手段的运用

外交手段在解决国际争端中起着重要作用，国家可以通过多种方式运用外交手段来解决争端。这些方式包括外交途径、国际组织和多边合作等，每种方式都有其特点和适用场景。国家可以通过外交渠道直接与争端方进行沟通，就争端的核心问题进行协商和谈判，寻求双方都能接受的解决方案。这种方式的优势在于可以直接解决双方之间的分歧，缩短解决争端的时间，同时有利于保持争端解决的灵活性和效率。

国际组织通常拥有更广泛的参与者、更为权威的地位，能够为争端的解决提供中立、公正的平台。国家可以通过国际组织寻求第三方调解或仲裁，也可以借助国际组织的力量对争端进行监督和调解，推动争端的解决。通过多边合作，国家可以与其他国家建立起合作关系，共同面对争端带来的挑战。多边合作可以扩大解决争端的范围和力量，增加解决方案的可行性和可持续性，有助于长期稳定地解决争端问题。

（四）争端解决的影响

在解决国际争端时，国家通常会考虑解决方案对其外交关系和国际声誉的影响。一些解决方案可能会导致国际社会对国家的不满或批评，进而影响国家与其他国家的关系。例如，如果一国通过单边行动解决争端，而不考虑其他国家的利益和立场，可能会引发其他国家的不满，从而影响到双边关系，甚至多边关系。

国际社会对国家在争端解决中的行为和态度进行评价，这会直接影响国家的国际声誉。如果国家通过合理、公正的方式解决争端，可能会提升其在国际社会中的形象和信誉；相反，如果国家采取不当、霸道的方式解决争端，可能会损害其国际声誉，导致其他国家对其产生不信任，提高警惕。

国家在解决争端时需要综合考虑外交关系和国际声誉的因素，选择合适的解决方案。国家可以通过寻求第三方调解、遵循国际法和国际准则、借助国际组织和多边合作等方式，维护自身的外交关系和国际声誉，从而更好地解决争端，维护国家的利益和形象。

四、多边主义和国际组织对争端解决的影响

国际贸易争端解决通常依赖于多边主义和国际组织的机制。国家可能会借助于国际组织如WTO的规则和程序来解决争端，也可能会寻求其他国际组织或国际社会的支持和协助。

（一）规则和机制的提供

多边主义和国际组织为国际贸易争端解决提供了法律基础。国际贸易争端解决依靠的是国际法，而多边主义和国际组织如WTO提供了一系列的规则和协定，为国际贸易提供了法律基础。这些规则和协定规定了国家在国际贸易中应遵守的行为准则和规范，为解决争端提供了法律依据。多边主义和国际组织提供了争端解决的具体程序和机制。WTO的争端解决机构负责处理成员间的贸易争端，其程序包括申诉、调解和

裁决等环节，为成员提供了解决争端的具体步骤和程序。成员可以通过这些程序和机制来申诉、调解和裁决争端，实现公正和有效地解决争端。多边主义和国际组织还提供了争端解决的监督和执行机制。一旦争端解决机构做出裁决，各成员都有义务遵守裁决结果。国际组织如 WTO 会监督各成员是否按照裁决结果履行义务，确保争端解决的执行和效果。

（二）中立和公正性

国际贸易争端解决机制的中立性和公正性是确保公平裁决的重要保障。多边主义和国际组织被普遍认为是中立和公正的调解平台。以 WTO 的争端解决机构为例，其由来自各成员的专家组成，这种构成确保了争端解决过程中的公正性和中立性。当成员间发生贸易争端时，它们可以通过 WTO 等国际组织来解决争端，从而获得公正、客观的裁决结果。

多边主义强调的是国际事务应该由所有相关成员共同参与和共同决定。在贸易争端解决中，这意味着争端双方可以共同选择参与的仲裁机构或专家，并通过多个成员的代表来审理争端案件，从而避免了单边主义和偏袒。这种多边机制的特点使得争端解决更加中立和公正，有助于维护全球贸易秩序的稳定和可预测性。国际组织的争端解决机构通常具有丰富的经验和专业知识，能够客观公正地对待争端案件。这些专家通常不受特定国家或利益集团的影响，因此能够就事论事地进行裁决，确保裁决结果符合国际贸易规则和公平原则。这种中立性和公正性有助于增强各国对争端解决机制的信任，促进国际间的贸易合作和经济发展。

（三）制度化和稳定性

国际贸易争端解决机制的制度化及稳定性对于维护全球贸易秩序的稳定和可持续发展至关重要。多边主义和国际组织如 WTO 通过建立一套完善的争端解决机制，为国际贸易提供了一个稳定和可靠的解决争端的平台。当成员之间发生贸易争端时，根据《多哈回合谈判》，争端解决机制将按照一系列明确的程序来处理争端，包括建立争端解决小组、争端解决机构的设立等。这种制度化的程序规定使争端解决过程更加有序和可控，有助于避免争端升级和长期化。

根据争端解决理事会的决定，争端解决机构必须在一定时间内完成对争端案件的审理和裁决，确保争端案件得到及时解决。这种时间表的设定有助于降低争端解决的不确定性，提高解决争端的效率和可行性。WTO 的争端解决机制还具有强制性和约束力。根据 WTO 协议，各成员都有义务遵守争端解决机构的裁决结果，否则将面临制裁措施。这种强制性和约束力确保了争端解决机制的有效性和执行力，有助于维护国际贸易秩序的稳定和可预测性。

（四）促进合作和共赢

多边主义和国际组织通过争端解决机制促进了国际合作与共赢。在国际贸易中，由于各国之间的利益差异和竞争关系，因此很容易发生贸易争端。多边主义倡导的是国际事务应该由所有相关国家共同参与和共同决定。因此，多边主义和国际组织提供了一个平台，使国家能够通过合作和协商解决争端，推动国际贸易的发展和繁荣。

多边主义和国际组织鼓励国家通过协商和对话解决争端。多边主义强调的是国际合作和共同发展，而不是单边主义和零和博弈。在国际贸易争端解决中，国家可以通过多边机制来协商解决争端，寻求共赢的解决方案。这种合作方式有助于增强各国之间的互信和友好关系，促进国际贸易的发展和繁荣。多边主义和国际组织提供了一个公平竞争的环境，促进了国际合作和共赢。在国际贸易中，各国之间存在不同的经济实力和发展水平，因此很容易导致贸易不平衡和不公平竞争。多边主义和国际组织通过建立规则和准则，为各国提供了一个公平竞争的环境，使国际贸易能够更加顺畅和有序地进行。这种公平竞争的环境有助于促进国际合作和共赢，实现各成员的共同利益。

五、安全考量对争端解决的影响

某些国际贸易争端可能会涉及安全考量。解决这类争端时，国家可能会考虑安全的因素，避免因争端解决而引发地区紧张局势。

（一）安全考量

在国际贸易争端解决中，安全考量是一项至关重要的因素。一些争端可能涉及国家间的安全利益，如涉及军事技术出口、双重用途物品贸易等。在解决这类争端时，国家需要谨慎处理，避免因争端解决而对地区安全产生负面影响。涉及安全利益的贸易争端往往更加敏感和复杂，国家在解决这类争端时需要考虑到安全因素，确保解决方案不会对国家的安全产生负面影响。因此，在解决国际贸易争端时，需要充分考虑到安全因素，以避免造成不必要的安全风险。

由于涉及安全利益的贸易争端通常更加复杂，国家在解决这类争端时可能需要更多的时间和精力。这可能会导致争端解决的进程变得缓慢，从而影响国际贸易的正常进行。因此，在解决国际贸易争端时，需要平衡安全考量和解决效率，确保争端能够及时解决，不影响国际贸易的发展。安全考量也可能会影响争端解决的结果。在解决涉及安全利益的贸易争端时，国家可能会更加谨慎和保守，避免对安全利益造成负面影响。这可能会导致解决方案的制定更加谨慎，可能会对一些激进的解决方案持保留态度。因此，在解决这类争端时，需要充分考虑到安全考量，确保解决方案既能够维护国家的安全利益，又能够促进国际贸易的发展。

(二) 外部势力干预

在国际贸易争端解决中，外部势力的干预可能会对安全产生重要影响。一些国家（地区）可能会利用争端来达到自己的政治目的，从而加剧地区紧张局势。因此，国家在解决争端时需要警惕外部势力的干预，以维护地区的政治稳定和安全。一些国家（地区）可能会利用争端来干涉地区内部的政治事务，制造地区内部的混乱，以达到自己的政治目的。这种干预可能会导致争端解决的进程受到影响，难以取得有效的解决方案。

一些国家或地区可能会利用争端来煽动地区内部的敌对情绪，加剧地区间的紧张关系。这种情况下，国家在解决争端时需要警惕外部势力的干预，避免因外部干预而加剧地区紧张局势。外部势力的干预也可能会影响争端解决的结果。外部势力可能会倾向于支持某一方的利益，从而影响解决方案的制定和执行。这可能会导致解决方案偏向某一方，不公正或不平衡。因此，在解决国际贸易争端时，国家需要保持独立性和客观性，不受外部势力的干预。

第二节 政治因素对争端解决的限制和挑战

一、政治因素对争端解决的限制

(一) 国家利益优先

政治因素在国际贸易争端解决中扮演着重要角色，其中显著的一点是国家利益的优先性。国家常常将自身利益置于首位，这可能导致不愿意妥协或让步，从而阻碍争端的解决。国家之间的政治关系复杂，有时解决争端需要考虑到更广泛的国家利益，而不仅是双方争端当事国的利益。国家利益是指国家在国际关系中追求的根本利益和长远利益。国家利益通常与国家的安全、发展和国际地位息息相关。在贸易争端中，国家会考虑到自身经济利益、就业、产业发展等方面的利益。由于国家利益的重要性，政府往往会采取坚决立场，维护国家利益的优先性，这可能导致在争端解决中出现僵局。

国家之间的政治关系也会影响到贸易争端的解决。一些国家之间存在着复杂的政治因素，如历史遗留问题、地缘政治考量等，这些因素可能会影响国家对争端解决的态度。

有时候，解决争端不仅需要考虑双方当事国的利益，还需要考虑其他国家的利益，这增加了解决争端的难度。为了克服这一限制，需要加强国际合作，通过多边协商、妥协等方式寻求解决方案，同时需要各国共同努力，维护国际贸易秩序的稳定和发展。

(二) 外部政治压力

外部政治压力是国际贸易争端解决过程中常见的一种影响因素，来自其他国家或国际组织的政治压力可能会对争端的解决产生重要影响。这些压力可以通过各种方式体现，包括外交施压、制裁威胁、国际舆论影响等。

在国际贸易争端中，外部政治压力通常源自各方对争端背后政治因素的关注和利益的追求。当一个国家或地区的利益受到国际贸易争端的影响时，其政府可能会通过外交渠道施加压力，要求争端各方尽快解决争端。例如，如果一场贸易争端涉及多个国家的利益，那么其他国家可能会通过外交途径向争端各方施压，以保护自身的利益。

一些国际组织在国际贸易争端解决中扮演着重要角色，它们可能会通过发表声明、制定决议等方式，对争端解决提出建议或施加压力。例如，WTO作为国际贸易领域的主要组织，对争端解决有着明确的规定和程序，其争端解决机构可以通过裁决等方式对争端各方产生一定的影响。随着信息传播的便捷化，国际舆论对于国际贸易争端的关注度也在不断增加。一些国际媒体和民间组织可能会通过报道和舆论引导，对争端解决过程产生一定的影响。这种影响可能会影响各方的立场和行为，从而影响争端解决的结果。

（三）历史遗留问题

某些国际贸易争端可能涉及历史遗留问题，如领土、历史文化等问题。这些历史遗留问题往往根深蒂固，牵涉各方的历史、文化和民族情感，使解决变得更加复杂和困难。在国际贸易争端中，一些争端可能涉及领土主权等重大问题，这些问题往往源于历史上的不同解释和认知。例如，某些国家在历史上曾经发生过领土变更，但是在后续发展中，对于领土的界定和归属产生了分歧，这就给国际贸易争端的解决带来了一定的困难。

在国际贸易争端中，一些文化产品和艺术品可能涉及历史文化遗产的保护问题，如文物的归还、文化产品的版权等。这些问题往往涉及各方对于历史文化的理解和尊重，需要在维护国家利益的同时，尊重和保护各方的历史文化传统。历史遗留问题还可能涉及民族情感等因素。在国际贸易争端中，一些历史遗留问题可能受到民族情感等因素的影响，使争端的解决更加复杂和敏感。例如，某些争端可能涉及民族历史上的伤痛和创伤，需要各方在解决争端的过程中，充分考虑到这些因素，避免引发更大的矛盾和冲突。

（四）意识形态冲突

政治因素在国际贸易争端中可能导致意识形态上的冲突，如意识形态的差异、政治体制的不同等。这些冲突可能会对争端的解决产生负面影响，使解决过程更加复杂和困难。不同国家或地区的政治体制和意识形态可能存在差异，导致在国际贸易争端中，各方的立场和要求也存在分歧。例如，一些国家可能在意识形态上主张自由贸易和市场经济，而另一些国家可能更倾向于保护主义和国家主义，这种意识形态的差异可能导致在争端解决过程中的对立和冲突。

政治体制的不同也可能成为国际贸易争端的障碍。不同国家或地区的政治体制可能存在差异，如民主制度和专制制度的不同。这种政治体制的不同可能导致在国际贸易争端中，各方在解决问题的方式和方法上存在分歧，使争端的解决变得更加困难。意识形态冲突还可能涉及对国家主权和国家利益的认知。在国际贸易争端中，一些国家可能会将自身的意识形态视为国家主权和国家利益的一部分，对外贸易政策和贸易争端解决提出了特殊要求。这种意识形态上的认知差异可能导致在争端解决过程中的僵局和对立，使解决变得更加困难。

二、政治因素对争端解决的挑战

（一）意识形态差异引发争端

在国际贸易中，意识形态差异是一种常见的引发争端的因素。这种差异可能源于国家对于贸易政策和规则的不同理解和追求，也可能反映在不同政治体制下国家的不同立场和政策倾向上，从而导致贸易政策上的分歧，甚至引发贸易争端。意识形态差异在贸易政策上可能表现为自由贸易倾向与保护主义倾向的冲突。一些国家可能倾向于支持自由贸易，认为通过开放市场可以促进国际贸易和经济增长；而另一些国家可能更倾向于采取保护主义措施，以保护本国产业免受外部竞争的影响。这种意识形态上的差异可能导致在贸易谈判和规则制定中出现分歧，甚至引发贸易争端不同政治体制下的国家对于贸易政策和规则的理解和追求也可能存在差异，增加了解决争端的难度。民主制国家可能更注重市场自由和公平竞争，倾向于支持自由贸易和多边贸易规则；而专制制国家可能更注重国家利益和国家安全，更倾向于采取保护主义措施和双边贸易协定。这种不同政治体制下的差异可能导致在贸易谈判和规则制定中难以达成一致意见，使解决争端变得更加复杂。

（二）外部政治压力影响解决进程

外部政治压力对国际贸易争端解决的影响是一个不容忽视的因素。其他国家或国际组织可能会对争端解决提出要求或施加压力,这种外部政治压力可能会使得争端的解决变得更加复杂和困难。外部政治压力可能通过外交施压的方式影响争端解决的进程。一些国家或国际组织可能会通过外交途径向争端各方施加压力,要求其尽快解决争端。这种外交施压可能会导致争端各方在解决问题时受到外部压力的影响,使得解决变得更加复杂和困难。

外部政治压力可能通过制裁威胁的方式影响争端解决的进程。一些国家或国际组织可能会对争端各方施加制裁威胁,以迫使其就争端问题达成协议。这种制裁威胁可能会使得争端各方更加固执地维护自身利益,增加了解决争端的难度。外部政治压力还可能通过其他方式影响争端解决的进程。例如,一些国际组织可能会通过发表声明、制定决议等方式对争端解决提出要求或施加压力。这种外部政治压力可能会使争端解决的进程受到干扰,增加了解决争端的难度。

(三) 历史遗留问题加剧争端

历史遗留问题是国际贸易争端中一个常见的复杂因素,它可能涉及领土、历史文化等方面的争议,受到历史、文化、民族情感等多重因素的影响,使解决变得更加复杂和困难。一些国际贸易争端可能根源于历史上的领土变更或领土划分不明确等问题。这些领土争端往往牵涉国家的领土主权和国家尊严等核心利益,因此在解决过程中可能会受到各方情绪化的影响,增加了解决争端的难度。

历史遗留问题可能涉及历史文化遗产的保护。在国际贸易争端中,一些文化产品和艺术品可能涉及历史文化遗产的保护问题,如文物的归还、文化产品的版权等。这些问题往往受到各方对于历史文化的理解和尊重的影响,使解决变得更加复杂和困难。历史遗留问题还可能涉及民族情感等因素。在国际贸易争端中,一些历史遗留问题可能受到民族情感等因素的影响,使得争端各方在解决问题时情绪化,不愿做出妥协和让步,增加了解决争端的难度。

(四) 意识形态冲突阻碍解决

政治因素在国际贸易争端中可能导致意识形态上的冲突,如意识形态的差异、政治体制的不同等。这些冲突可能会对争端的解决产生负面影响,使得解决过程更加复杂和困难。不同国家或地区的政治体制和意识形态可能存在差异,导致在国际贸易争端中，各方的立场和要求也存在分歧。例如，一些国家可能在意识形态上主张自由贸易和市场经济，而另一些国家可能更倾向于保护主义和国家主义，这种意识形态的差异可能导致在争端解决过程中的对立和冲突。

不同国家或地区的政治体制可能存在差异，如民主制度和专制制度的不同。这种政治体制的不同可能导致在国际贸易争端中，各方在解决问题的方式和方法上存在分歧，使争端的解决变得更加困难。意识形态冲突还可能涉及对国家主权和国家利益的认知。在国际贸易争端中，一些国家可能会将自身的意识形态视为国家主权和国家利益的一部分，对外贸易政策和贸易争端解决提出了特殊要求。这种意识形态差异可能导致在争端解决过程中的僵局和对立，使解决变得更加困难。

第三节 政治因素对争端解决的启示和建议

一、政治因素对争端解决的启示

（一）意识形态冲突的应对

意识形态冲突在国际贸易争端中可能会成为一个重要的阻碍因素，导致争端的复杂化和困难化。为了应对意识形态冲突，各方需要采取一系列措施，包括保持开放心态、尊重彼此的意识形态差异、寻求共同利益和解决方案、加强交流和对话等。各方应意识到意识形态差异是正常的现象，而不是立即将其视为对立的标志。只有保持开放心态，才能够更好地理解对方的立场和诉求，为解决争端创造条件。

尊重彼此的意识形态差异是解决冲突的基础。各方应当尊重对方的意识形态和文化传统，避免在解决问题时对对方进行攻击或指责，以免加剧冲突的程度。寻求共同利益和解决方案是解决意识形态冲突的关键。各方应当在解决问题时注重寻找双方都能接受的解决方案，而不是坚持自己的立场和诉求。只有在共同利益的基础上寻求解决方案，才能真正解决意识形态冲突带来的问题。加强交流和对话是减少意识形态冲突影响的有效途径。各方应当通过多种方式加强交流和对话，增进相互了解，化解误解和分歧，为解决争端创造条件。

(二) 外部政治压力的应对

外部政治压力可能对国际贸易争端的解决产生负面影响，因此各方需要采取措施来应对这种压力，维护自身的合法权益，并推动解决进程向积极方向发展。在面对外部政治压力时，各方应坚持独立自主的立场，不受外部政治势力的影响，坚决维护自身的合法权益。只有保持独立自主，才能更好地维护国家的尊严和利益，推动解决争端的进程。

加强外交沟通和协商是化解外部政治压力的有效途径。各方可以通过加强外交渠道的沟通和协商，寻求共识和解决方案，化解外部政治压力对争端解决的干扰。通过外交手段，可以增进各方之间的了解和信任，为解决争端创造有利条件。各方还可以通过国际组织和多边机制来应对外部政治压力。国际组织和多边机制可以提供一个公正、中立的平台，帮助各方协调立场，促进对话和协商，推动争端解决进程向积极方向发展。通过国际组织和多边机制，可以更好地应对外部政治压力，实现争端解决的目标。

(三) 历史遗留问题的处理

处理历史遗留问题是国际争端解决中的一个重要议题。这些问题通常源于历史事件、政治冲突或领土争议，可能涉及不同国家、地区或民族之间的复杂关系。处理这些问题需要各方以历史为鉴，尊重历史事实，寻求妥善解决的途径，以实现和平与稳定的发展。历史遗留问题往往深刻影响着当今国际关系的发展。了解历史，可以帮助各方更好地理解问题的根源和演变过程，避免陷入相互指责和误解的泥沼。对历史事件的客观分析和评估，可以为解决问题提供更加客观和有效的解决方案。

历史事实是客观存在的，不容篡改或歪曲。各方在处理历史遗留问题时，应当遵循客观公正的原则，尊重历史事实，不断增进对历史事件的共识。只有如此，才能建立起互信互谅的基础，推动问题的解决与和解的进程。历史遗留问题往往牵涉复杂的利益关系和情感纠葛，解决起来并不容易。各方应当本着解决问题、促进和解的精神，通过对话协商、合作共赢的方式，寻求妥善解决问题的途径。同时，可以借鉴历史问题解决的成功经验，积极探索符合各方利益和长远发展的解决方案。

建立历史问题的合理解决机制，加强历史文化遗产的保护，可以有效化解历史遗留问题对争端解决的影响。各方可以在国际组织或多边框架下建立专门机构,负责处理历史遗留问题,推动问题的解决和和解的进程。同时,加强历史文化遗产的保护,可以增进各方对历史的认同和尊重,促进文化多样性和共存共荣的发展。

(四) 意识形态差异的协调

在国际贸易合作中,意识形态差异是一种常见的现象。不同国家、地区或民族拥有不同的文化、宗教、政治制度和社会价值观念,这种差异可能会影响到彼此之间的互动和合作。因此,处理意识形态差异,寻求包容和谐的解决方案,对于推动国际贸易合作的发展至关重要。意识形态是一个国家或地区在政治、经济、文化等方面的核心信念和价值观念,是其发展道路和国际政策的基础。各方应当尊重彼此的意识形态选择,避免将自己的意识形态强加于人,保持相互尊重和平等对待的态度。

意识形态差异可能导致争端和分歧,但并不意味着无法解决。各方可以通过对话协商、互利共赢的方式,寻求包容和谐的解决方案,化解分歧,推动合作。在解决意识形态差异的过程中,各方应当坚持以和平方式解决争端的原则,避免采取单边主义和强硬手段,维护国际关系的和平与稳定。加强多边合作,建立开放、包容的国际贸易体系。多边合作是解决意识形态差异和推动国际贸易合作的重要途径。各方应当积极参与多边机制,通过协商一致的方式,建立开放、包容的国际贸易体系,促进贸易自由化和便利化,为各国的经济发展和繁荣创造良好的国际环境。

二、政治因素对争端解决的建议

(一) 建立政治意愿和信任

解决争端需要建立政治意愿和信任。政治领导人和相关方应表现出解决争端的真诚意愿,展示灵活性和包容性,以促进解决方案的达成。建立信任和合作是解决争端的关键,可以为解决争端创造有利条件。在处理争端时,政治领导人和相关方应首先展现解决问题的决心,他们需要表现出对解决争端的真诚意愿,避免利用争端来追求狭隘的政治目标。只有真诚的意愿,才能推动解决方案的制定和执行。此外,政治领导人和相关方应展现灵活性和包容性。争端往往复杂多样,需要灵活的思维和包容的态度来应对。各方应展现出对多种解决方案的接受和尝试,不断调整策略和立场,以寻求最终的解决方案。

建立信任和合作是解决争端的关键。缺乏信任和合作会导致争端难以解决。因此，各方应通过建立沟通渠道、加强对话交流等方式来增进彼此之间的信任和合作，为解决争端创造有利条件。在建立政治意愿和信任的过程中，需要各方共同努力。政治领导人和相关方应展现出高度的责任感和担当精神，站在维护和平与稳定的立场上，共同为解决争端而努力。

（二）避免单边主义

在处理争端时，各方都应避免采取单边主义立场，而应该尊重国际法和国际准则，遵循平等协商、互利共赢的原则，寻求通过对话协商解决争端的途径。单边主义在解决争端时可能导致一方强行推动其意愿，忽视其他各方的权益和诉求，从而增加争端的复杂性和升级的风险；相反，遵循国际法和准则，尊重各方的利益和主权，是解决争端的关键。国际法是国际社会共同遵守的法律规则，是维护国际秩序和稳定的基石。在处理争端时，各方应当遵循国际法的规定，尊重国际法的权威和约束力，避免单边主义行为违反国际法，导致更大的争端和冲突。国际法是维护国际和平与安全的基础，各方应当以国际法为准绳，解决争端，促进共同发展。

各方在处理争端时应该遵循互利共赢的原则，通过平等协商和对话解决争端，实现互利共赢的局面。单边主义往往会导致一方获利，而另一方损失，不利于双方关系的长远发展。只有通过平等协商和对话，才能找到最符合各方利益的解决方案，实现互利共赢。各方在处理争端时，应当摒弃单边主义，尊重国际法和国际准则，遵循平等协商、互利共赢的原则，通过对话协商解决争端，促进国际和平与安全的稳定发展。

（三）加强国际社会的监督和支持

国际社会应当密切关注争端解决的进展，发挥监督和调解作用，为各方寻求和谐解决方案提供支持和帮助。国际社会的监督和支持对于争端解决至关重要。首先，监督可以促使各方遵守承诺，推动争端解决的进程。国际社会的关注可以使各方更加谨慎地处理争端，避免采取激进行动，从而降低争端升级的风险。其次，监督可以促使各方公正公平地对待争端，避免单方面主义和强权政治的干预，确保争端解决的公正性和合理性。最后，监督可以促使各方遵守国际法和国际准则，确保争端解决的合法性和合规性，维护国际法和国际秩序的权威性和稳定性。因此，国际社会应当加强对争端解决的监督，促进争端解决的公正公平和合法合规。

国际社会还应该发挥调解作用，为各方寻求和谐解决方案提供支持和帮助。调解可以通过中立公正的方式帮助各方沟通交流，化解分歧，寻求共同利益。国际社会可以通过设立专门的调解机构或组织国际调解团队等方式，为争端解决提供中立公正的平台和机制。调解不仅可以帮助各方解决具体的争端，还可以促进各方之间的互信与合作，为国际和平与安全做出积极贡献。因此，国际社会应当加强对争端解决的调解作用，为各方寻求和谐解决方案提供支持和帮助。

（四）加强争端解决机制的建设

在处理国际争端时，加强争端解决机制的建设至关重要。各方应不断完善争端解决机制，提高其效率和公正性，为解决争端提供有力保障。争端解决机制的完善可以帮助各方更加有效地解决争端，维护国际和平与安全。争端解决机制的效率直接影响到争端解决的速度和质量。通过建立完善的争端解决程序和机制，可以使争端解决更加迅速和高效，避免争端拖延和升级，有助于维护国际和平与安全。

争端解决机制的公正性是确保争端解决合法合规的关键。建立公正客观的争端解决机制，可以避免争端解决过程中的不公正行为和强权政治干预，确保争端解决的公正性和合理性，维护国际法和国际秩序的权威性和稳定性。完善争端解决机制可以提高各方对争端解决的信任和参与度。争端解决机制的完善可以增强各方对争端解决的信任，使各方更加愿意通过争端解决机制来解决争端，避免采取单边主义和强权政治的行为。同时，完善争端解决机制可以增加各方对争端解决的参与度，使各方更加积极地参与到争端解决的过程中，为解决争端提供更多的可能性和选择。

第四节　政治问题的解决方法

一、政治外交手段

政治外交手段是解决国际贸易争端的一种重要方式。通过政治外交途径，包括对话、协商、调解等，寻求共识和解决分歧。这种方法通常需要各方展现灵活性和妥协精神，努力寻求共同利益点，通过多边或双边协商达成解决方案。在国际贸易争端中，政治外交手段具有独特的优势和作用。首先，政治外交手段能够促进各方之间的沟通和理解。通过对话和协商，各方可以充分交流立场和诉求，增进相互了解，为解决争端奠定基础。其次，政治外交手段有利于缓解紧张局势，避免争端升级。在争端发生时，利用政治外交手段进行调解和斡旋，可以减少对抗性的行动，防止争端演变成全面冲突。再次，政治外交手段可以为争端的解决提供政治支持。在解决争端的过程中，政治外交手段可以为各方提供政治上的支持和背书，增加解决争端的成功可能性。最后，政治外交手段有助于建立信任和友好关系。通过政治外交手段解决争端，各方可以展现出诚意和善意，建立起相互信任的基础，为未来合作打下良好基础。

政治外交手段在解决国际贸易争端中存在一些局限性和挑战。政治外交手段需要各方展现出足够的灵活性和妥协精神。在争端解决过程中，各方可能会受到国内政治因素的影响，难以做出灵活的调整和妥协，导致谈判陷入僵局。政治外交手段可能受到外部因素的影响。在国际政治环境动荡不安的情况下，各方的政治立场可能会发生变化，导致政治外交手段失效。政治外交手段可能受到时间和资源的限制。政治外交手段通常需要耗费大量时间和精力，如果各方不能及时达成共识，可能会导致争端得不到有效解决。虽然政治外交手段在解决国际贸易争端中发挥着重要作用，但同时需要克服一些挑战和限制。各方应该以开放的态度参与政治外交活动，展现出灵活性和妥协精神，努力寻求共同利益点，共同推动争端的解决。

二、经济制裁

经济制裁作为一种非军事手段，在国际关系中发挥着重要作用。经济制裁是指国家或国际组织采取的一种手段，通过限制贸易、金融和其他经济活动，对目标国施加压力，迫使其改变政策或行为。经济制裁可以是有针对性的，旨在惩罚特定政策或行为，也可以是全面性的，旨在全面压制目标国。首先，经济制裁可以作为一种惩罚手段，对目标国施加经济压力，迫使其改变政策或行为。例如，如果一个国家违反国际法或侵犯人权，其他国家或国际组织可以通过经济制裁对其实施惩罚，迫使其停止违规行为。其次，经济制裁可以作为一种防止手段，防止目标国采取某些可能造成严重后果的行为。例如，如果一个国家正在发展核武器，其他国家可以通过经济制裁对其施加压力，阻止其继续发展核武器。最后，经济制裁可以作为一种抑制手段，抑制目标国的军事扩张或地缘政治野心。例如，如果一个国家试图通过武力改变地区现状，其他国家可以通过经济制裁对其施加压力，阻止其采取进一步的军事行动。

当然，经济制裁存在一些问题和争议。经济制裁可能会损害目标国民众的福祉。经济制裁会限制贸易和金融活动，可能导致目标国的经济困难，影响民众的生活。经济制裁可能会引发国际关系紧张局势。如果经济制裁导致目标国对制裁国采取敌对行动，可能会加剧国际紧张局势，甚至引发冲突。经济制裁可能会对制裁国自身的经济利益造成损害。经济制裁会限制贸易和金融活动，可能会损害制裁国与目标国的经济利益，影响自身的经济发展。

三、军事手段

军事手段作为解决国际政治问题的极端手段，通常被视为最后的选择。军事行动可能包括武装冲突、战争等，需要谨慎使用，并遵守国际法和联合国宪章的规定。军事手段在某些情况下是必要的。例如，在面临恐怖主义威胁或侵略行为时，国家可能需要采取军事行动来保护自身的利益和安全。此外，军事手段可以用于维护国际和平与安全。联合国维和行动就是一个例子，通过军事手段维护了一些地区的和平与安全。

军事手段存在的问题和挑战。军事行动可能会造成严重的人道主义灾难。战争往往伴随着大规模的破坏和人员伤亡，给当地民众带来巨大的痛苦和损失。军事行动可能会加剧国际紧张局势。如果军事行动导致其他国家对制裁国采取敌对行动，可能会加剧国际紧张局势，甚至引发全面战争。军事行动可能会引发地区不稳定。如果军事行动在一个地区发生，可能会导致周边地区的不稳定局势，影响地区的和平与安全。尽管军事手段在某些情况下是必要的，但需要谨慎使用，并考虑其可能带来的后果。在使用军事手段时，国家应该遵守国际法和联合国宪章的规定，避免对无辜民众造成不必要的伤害，努力寻求和平解决问题的途径。同时，国际社会应该加强合作，共同维护世界和平与安全，避免军事冲突的发生。

四、国际法律手段

国际法律手段是解决国际争端的重要途径，它依据国际法律规定，通过国际法庭、国际仲裁等机构解决争端。国际法律手段强调依法解决争端，遵循国际法律原则和规定，保障各方的合法权益。国际法律手段具有权威性和公正性。国际法庭和国际仲裁机构作为国际社会公认的争端解决机构，具有权威性和公正性，能够对争端进行客观、公正的裁决，保障各方的合法权益。国际法律手段强调依法解决争端，有利于维护国际法律的权威和稳定性。通过国际法律手段解决争端，有助于促进国际法律的发展和完善，推动国际社会规范和规则的形成和落实。国际法律手段有助于促进国际争端的和平解决。依据国际法律规定，通过国际法庭、国际仲裁等机构解决争端，有助于避免争端升级，维护国际和平与安全。

国际法律手段存在的问题和挑战。国际法律手段的执行受到国家自主性的限制。由于国家主权原则的存在，国家在执行国际法律手段时可能会考虑国家利益等因素，导致裁决结果的执行受到一定影响。国际法律手段的效力受到国际社会认可程度的限制。国际法庭和国际仲裁机构的裁决需要得到各方的认可和执行，如果有国家不承认或不执行裁决，可能会影响国际法律手段的有效性。国际法律手段的效率和成本也是一个挑战。国际法庭和国际仲裁机构解决争端通常需要较长时间和较高成本，影响其在一些争端解决中的适用性和效率。

五、多边合作机制

多边合作机制是国际社会解决共同关心问题的重要途径，通过建立多边合作机制，促进国际社会各方在共同关心的问题上达成共识，并通过协调合作解决问题。多边合作机制通常包括国际组织、多边对话和会议等形式，旨在促进国际合作和共同发展。多边合作机制有利于促进国际社会的团结和合作。通过多边合作机制，各国可以在平等、公正的基础上展开合作，共同应对全球性挑战和问题，增进相互信任，促进团结和合作。多边合作机制有利于推动国际治理体系的完善和发展。通过多边合作机制，各国可以共同制定规则和标准，推动国际治理体系向着更加公正、有效的方向发展，提高国际社会的治理能力和效率。多边合作机制有利于促进全球经济的发展和繁荣。通过多边合作机制，各国可以加强经济合作，促进贸易和投资自由化，推动全球经济的发展和繁荣。

多边合作机制存在的挑战和问题。多边合作机制需要各方展现出足够的灵活性和妥协精神。在多边合作过程中，各方可能会有不同的利益诉求和立场，需要通过协商和妥协达成共识，推动合作取得实质性成果。多边合作机制可能会受到外部因素的影响。在国际政治环境动荡不安的情况下，各国可能会优先考虑国家利益，导致多边合作机制受阻。多边合作机制可能会受到一些国家的排斥或质疑。在一些问题上，一些国家可能会对多边合作机制表示怀疑或反对，从而影响合作的顺利推进。

六、人道主义援助

人道主义援助是国际社会在人道主义危机和灾难中提供援助和支持的重要方式。在一些人道主义危机和灾难中，国际社会可以通过提供援助和支持，缓解人道主义危机，减少人道主义灾难的影响，为解决国际政治问题创造有利条件。人道主义援助有助于保障受灾群体的基本生存权利。在人道主义危机和灾难中，受灾群体往往面临生存困难，缺乏食物、水源、医疗等基本生存条件，人道主义援助可以提供紧急救助，满足受灾群体的基本生存需求。人道主义援助有助于缓解人道主义危机的影响。在人道主义危机中，受灾群体往往面临安全威胁、精神创伤等问题，人道主义援助可以提供安全保障、心理支持等帮助，缓解人道主义危机的影响。人道主义援助有助于为解决国际政治问题创造有利条件。通过提供人道主义援助，国际社会可以增进相互信任，改善国际关系，为解决国际政治问题创造有利条件。

人道主义援助面临的挑战和问题。人道主义援助存在一定的局限性。人道主义援助往往是临时性的、紧急性的，难以解决根本性问题，长期发展才是根本之道。人道主义援助可能会受到政治因素的影响。在一些情况下，人道主义援助可能会受到国家政治利益的影响，导致援助不够及时或不够充分。人道主义援助的效果和成本也是一个挑战。由于人道主义援助往往需要大量资源和精力，如果援助效果不明显或成本过高，可能会影响援助的可持续性和效果。

第七章　国际贸易争端解决的文化问题

第一节　文化因素对争端解决的影响

一、谈判方式的影响

（一）沟通方式

在不同文化背景下，人们的沟通方式和习惯可能不同，可能会导致在谈判中出现误解或冲突。

1. 直接与间接表达

有些文化更注重直接表达意见，直截了当地传达其想法和要求，倾向于直接表明立场，清晰地提出要求或意见，以便达成共识或解决问题。这种直接的表达方式可以在贸易谈判中起到积极作用，因为它能够减少误解，加快谈判进程，并建立起更加坦诚和有效的沟通。有些文化倾向于间接表达，善于运用比喻、暗示等方式来表达观点，可能会避免直接否定或拒绝对方，而是通过委婉的方式传达信息。在贸易谈判中，这种间接的表达方式可能会被误解为不够诚实或不够直接，导致一方认为另一方在隐瞒真实意图，增加谈判的难度和复杂性。当双方在贸易谈判中存在文化差异时，理解并尊重彼此的表达方式至关重要。双方应该努力沟通，解释表达方式背后的意图，以便消除误解，建立相互信任的基础。通过尊重和理解对方的文化差异，双方可以更好地协商，互利共赢。

2. 语言和文化障碍

在国际贸易谈判中，语言和文化障碍可能成为阻碍双方有效沟通和达成协议的重要因素。语言是文化的一部分,不同语言之间存在不同的语法、词汇和表达习惯。如果谈判双方使用不同的语言,可能会因为语言障碍而产生误解或误会,影响谈判效果。语言障碍可能导致信息传递不准确。即使双方都尽力使用第二语言进行交流,但仍存在词汇选择不当、语法结构不清晰等问题,容易造成信息传递的偏差和误解。例如,在英语中,gift 一词通常表示礼物,但在德语中,gift 则表示毒药,容易导致严重的误解。

由于语言不通畅,双方可能会感到沟通困难和压力增加,容易导致情绪紧张和争吵。这种负面情绪可能会影响谈判的进展,甚至导致谈判失败。语言障碍还可能影响双方的文化理解和尊重。由于语言不同,双方可能对对方的文化背景、价值观念和行为习惯理解不足,容易产生误解和偏见。这种文化误解可能会导致双方在谈判中出现不必要的冲突和分歧。

3. 非语言沟通

在国际贸易谈判中,非语言沟通扮演着与语言沟通同等重要的角色。除了语言外,人们还通过肢体语言、面部表情、眼神交流等方式来传达信息和表达情感。然而,不同文化对非语言沟通的理解和接受程度可能存在差异,这可能会导致误解或冲突,影响谈判的效果。肢体语言在不同文化中可能具有不同的含义。例如,在一些文化中,直接的眼神交流被视为自信和诚实的表现,而在另一些文化中,这可能被视为侵犯个人隐私或挑衅。如果在贸易谈判中,双方对于肢体语言的理解存在差异,可能会导致不必要的误解和紧张氛围。

面部表情也可能因文化差异而产生误解。例如,在一些文化中,微笑通常表示友好和善意,但在另一些文化中,微笑可能表示不安或尴尬。如果在谈判中,双方对于面部表情的理解存在差异,可能会导致双方对对方真实意图的误解。姿势和动作也可能在不同文化中产生不同的解读。例如,在一些文化中,交叉双臂可能表示紧张或防御,而在另一些文化中,这可能只是一种舒适的姿势。如果在谈判中,双方对于姿势和动作的理解存在差异,可能会导致双方对对方态度和意图的误解。

为了避免非语言沟通造成的误解和冲突,谈判双方可以采取一些措施。双方可以尽量了解对方的文化背景和习俗,尊重和包容对方的非语言表达方式。双方可以通过直接沟通来澄清和理解彼此的意图,避免因非语言沟通而产生的误解。双方可以借助专业人士的帮助,如翻译或文化顾问,帮助双方更好地理解和沟通。通过这些措施,双方可以更好地利用非语言沟通，促进谈判的顺利进行和达成协议。

4. 倾听和理解

在跨文化交流中，倾听和理解是至关重要的，然而，不同文化对这两个概念的重视程度却可能存在显著差异。有些文化强调倾听他人的观点，并尊重他人的意见，认为这是建立良好关系和有效沟通的基础。相比之下，其他文化可能更加注重表达自己的观点，可能会导致在谈判和交流中出现理解不足的情况。在一些文化中，倾听被视为一种尊重他人的方式。在这些文化中，倾听被看作一种学习的过程，通过聆听他人的观点和经验，能够获取新知识，拓展自己的视野。这种文化倾向于重视集体主义，强调团队合作和社会共同体的利益。在这样的文化中，倾听不仅是一种表现方式，更是一种行为准则，能够促进和谐相处，避免冲突。

在另一些文化中，更强调表达自我观点的重要性。在这些文化中，人们可能更加注重个人主义，强调个人独立和权利。因此，他们可能更加倾向于表达自己的看法，而不是倾听他人。这种文化倾向可能会导致在跨文化交流中出现理解不足的情况，因为人们可能更加关注自己的观点，而忽视了他人的意见和观点。在跨文化谈判中，倾听和理解的不同重视程度可能会导致沟通障碍与误解。如果一方文化更注重倾听，而另一方文化更注重表达自己的观点，可能会导致双方在交流中产生隔阂，甚至导致谈判失败。因此，在跨文化交流中，了解不同文化对倾听和理解的看法至关重要。只有通过相互尊重和理解，才能建立有效的沟通和合作关系。

（二）决策过程

文化差异在决策过程中的影响是显而易见的。其中，一些文化注重集体决策，而另一些文化注重个人决策，这对谈判的进展和结果可能产生深远的影响。

1. 集体决策

在一些文化中，集体决策是一种重要的价值观。这种文化注重团队合作和共识建立，认为决策需要经过集体讨论和协商达成。在这种情况下，个人的意见可能会受到团队或群体的影响，决策的过程更加注重全体成员的意见和利益。这种文化背景下的决策过程可能会比较缓慢，因为需要考虑到每个人的看法和利益。然而，决策的结果通常能够获得广泛的支持，有助于建立团队的凝聚力和信任感。在这种文化中，集体决策反映了一种尊重他人的态度。通过倾听和考虑每个成员的意见，团队能够形成共同的目标和方向，从而增强团队的凝聚力和协作能力。集体决策还能促进知识和经验的共享，使决策更加全面和客观。

在集体决策的过程中，可能会出现一些挑战。例如，决策过程可能会比较缓慢，因为需要花费更多的时间来协调不同成员的意见和利益。此外，个别成员可能会感到被边缘化或者意见被忽视，这可能会影响团队的凝聚力和效率。然而，尽管存在这些挑战，集体决策仍然被认为是一种有效的决策方式。通过集体讨论和协商，团队能够获得更广泛的支持和参与，从而增强决策的质量和可持续性。因此，在这种文化中，集体决策被视为一种重要的价值观，有助于建立和谐的团队氛围和良好的工作关系。

2. 个人决策

在另一些文化中，个人决策被视为一种重要的价值观。这种文化强调个人独立和自主性，认为个人应该有权利和能力做出自己的决策，而不受他人的影响或干预。在这种文化背景下，个人通常有更大的自由度来做出决策，决策的过程可能会更加迅速。在个人决策的过程中，决策者通常只需要考虑自己的意见和利益，而不需要考虑其他人的看法。这种决策方式可能会导致决策结果不够全面，因为个人可能会忽视其他可能的选择或者影响。此外，个人决策可能会缺乏参与感，因为其他成员可能会感到他们的意见和利益未被充分考虑。

由于决策过程更加迅速，个人决策可以在时间上更加灵活和高效。此外，个人决策可以减少决策过程中的复杂性和混乱，使决策更加简单和明确。尽管个人决策具有一定的优势，但在跨文化谈判中可能会引发一些矛盾。如果一方文化更注重集体决策，而另一方更注重个人决策，可能会导致双方在决策过程中产生分歧和不满。因此，在跨文化谈判中，理解并尊重对方的决策方式至关重要，只有通过相互沟通和协商，才能找到双方都能接受的解决方案。

二、决策制定的影响

（一）价值观念

在不同的文化背景下，人们对待贸易争端的态度和决策可能受到其价值观念的影响。在一些文化中，个人利益被视为至关重要的价值观念。在这种文化中，个人通常会优先考虑自己的利益和利益最大化，而在处理贸易争端时，可能会更倾向于采取利益最大化的策略，甚至不惜冒险或采取激进措施来维护个人利益。在这种文化中，人们通常会更关注整个社会或群体的利益，而不仅是个人利益。在处理贸易争端时，人们可能会更倾向于寻求共赢的解决方案，通过协商和合作来解决问题，而不是采取单方面的行动。这种文化背景下，人们可能会更注重维护和发展良好的国际关系，认为通过合作和互利共赢可以实现长期稳定的发展。

在贸易争端处理中，不同文化背景下的人们可能会有不同的处理方式和决策思维。在一些文化中，人们可能更愿意采取竞争性的策略，试图通过竞争来取得优势和利益。而在另一些文化中，人们可能更倾向于采取合作的策略，认为通过合作可以实现双赢的局面。尽管不同文化背景下人们的价值观念可能有所不同，但在处理贸易争端时，重要的是要尊重和理解对方的文化背景和价值观念，寻求共同利益，通过协商和合作来解决问题。只有这样，才能实现贸易争端的和平解决，促进国际贸易的发展和繁荣。

（二）时间观念

一些文化对时间的看法可能更注重长期，而另一些文化可能更注重短期。这可能会影响到人们对待贸易争端的处理方式和策略选择。

1. 长期观念文化

长期观念文化强调的是持久性和稳定性，这种文化倾向于注重未来的长期利益和关系的建立，而非眼前的短期胜利。在处理贸易争端时，在这种文化中，人们往往选择通过长期谈判和合作来寻求解决方案，而不是采取急功近利的强硬立场。在长期观念文化中，人们通常将贸易争端视为一种可以通过协商解决的问题，而非简单的对抗。他们相信通过持续的谈判和合作可以找到双方都能接受的解决方案，这种解决方案不仅解决了眼前的争端，还能够为未来建立起更加稳固的合作关系。

在这种文化中，人们往往更注重长期的声誉和形象。他们认为在贸易争端中，通过理性、成熟的态度和行为来解决问题，可以树立起自己在国际上的良好形象，增强自己在未来谈判中的议价能力和影响力。在长期观念文化中，人们还强调对未来的规划和考虑。在处理贸易争端时，他们会考虑到解决问题的同时，如何能够为未来的合作奠定基础，从而实现长远的共赢。

2. 短期观念文化

相较于长期观念文化，短期观念文化更注重眼前的利益和迅速的结果。在这些文化中，人们更倾向于采取直接和迅速的行动来解决贸易争端，甚至可能牺牲一些长期利益以换取眼前的利益。这种文化特征在国际贸易争端中可能表现为一些行为模式，对贸易争端的解决和处理产生一定影响。短期观念文化可能导致在贸易争端中追求即时的、表面上的解决方案。这种文化倾向于重视眼前的利益，可能导致在贸易谈判中更强调短期的成果，而忽视了长期合作的重要性。这可能导致在贸易争端解决过程中出现权宜之计的做法，而非根本解决问题的方案。

短期观念文化可能表现为在贸易争端中更倾向于采取强硬的态度和立场。由于注重眼前的利益，这种文化可能导致在贸易谈判中更强调自身的利益，甚至可能采取威胁或报复的手段来达到短期目标。这种做法可能会加剧贸易争端的紧张程度，使解决变得更加困难。短期观念文化还可能导致在贸易争端中牺牲一些长期利益以换取眼前的利益。在贸易谈判中，为了迅速解决问题，可能会出现一些牺牲长远发展的议案。这可能会导致在长期发展上的损失，而只是为了眼前利益而付出代价。

3. 影响对贸易争端处理的方式

长期观念文化和短期观念文化对贸易争端处理方式的影响可以从多个角度来分析。首先，长期观念文化可能更倾向于寻求持久和稳定的解决方案。这种文化背景下的人们通常更注重长远利益和全局考量，他们可能更愿意接受妥协和共赢的结果；更可能更倾向于通过谈判和协商来解决争端，而不是采取激烈的行动；可能考虑到解决方案的可持续性和对未来关系的影响，因此可能寻求一种长期双赢的解决方案。

相反，短期观念文化可能更倾向于追求短期的胜利。这种文化背景下的人们可能更注重眼前利益和即时成果，他们可能更愿意采取激烈的行动，甚至可能选择不择手段来达到目的。他们可能更倾向于通过施压和威胁来达成自己的目标，而不是考虑长远影响。这种文化背景下的人们可能更容易陷入零和游戏的思维模式，认为自己的利益只能通过损害他人利益来实现。因此，长期观念文化和短期观念文化对贸易争端处理方式的影响是显而易见的。长期观念文化可能更倾向于寻求持久和稳定的解决方案，而短期观念文化可能更追求短期的胜利。在实际操作中，了解双方文化背景的不同可能有助于更好地理解对方的立场和行为,从而更好地解决贸易争端。

4. 策略选择的差异

基于时间观念的差异,处理贸易争端的策略也会有所不同。长期观念文化的国家更倾向于采取稳健和持久的策略,通常更愿意寻求调解、谈判和合作,以便达成长期稳定的解决方案。这种策略强调通过建立互信和长期关系来解决问题,而不是通过短期利益来取得胜利。长期观念文化国家(地区)的决策者可能更注重维护国家形象和声誉,因此更倾向于避免采取激烈或极端的行动。

短期观念文化国家可能更倾向于采取直接和迅速的策略,可能更愿意采取制裁、报复或寻求法律裁决,以尽快解决问题。这种策略强调迅速获得实质性结果,甚至可以牺牲一些长期利益来换取短期胜利。短期观念文化国家的决策者可能更注重眼前的利益和成果,而不太考虑问题的长远影响。

不同文化背景下的国家在处理贸易争端时,会根据其时间观念的差异选择不同的策略。长期观念文化的国家可能更倾向于谨慎和耐心地解决问题,而短期观念文化的国家可能更倾向于迅速采取行动,以尽快解决争端。理解这种差异有助于各国在国际贸易中更好地沟通和合作,避免因文化差异而产生的误解和冲突。

三、合作意愿的影响

(一)信任程度

文化因素也会影响人们之间的信任程度。一些文化可能更注重信任和合作,而另一些文化可能更注重竞争和自我保护,这可能会影响贸易争端解决的方式和效果。

1. 信任与合作

在一些文化中,信任和合作被视为解决问题的关键。人们相信建立稳固的信任关系是至关重要的,因为它为合作和共赢奠定了基础。在这种文化中,人们更倾向于通过对话和协商来解决争端,而不是通过对抗和诉诸法律。他们相信通过互相尊重和理解来达成共识是最有效的方式。这种文化倾向于强调人际关系的重要性,认为建立良好的关系可以带来更好的结果。

在这种文化中,贸易争端的解决更加容易。各方更愿意倾听彼此的观点,并寻求共同利益。他们更倾向于寻求共赢的解决方案，而不是采取零和游戏的态度。因此，他们更愿意在谈判中做出让步，以达成双方都能接受的协议。这种高度的信任和合作倾向使得贸易争端的解决更加迅速和顺利。

此外，这种文化强调长期的合作关系。人们相信通过建立长期的信任关系，可以在未来获得更多的好处。因此，他们更注重维护合作关系，而不是只关注眼前的利益。这种长期的合作观念也有助于贸易争端的解决，因为各方更愿意考虑未来的影响，而不是只顾眼前的利益。

2. 竞争与自我保护

在一些文化中，竞争和自我保护被视为至关重要的价值观。人们在这种文化中更注重个体的权益和立场，倾向于采取激烈的立场来维护自己的利益。在贸易争端解决中，这种文化倾向可能会导致一些挑战和困难。由于每个人都强调自己的权益，他们可能更倾向于坚持自己的立场，而不愿意做出妥协。这种情况下，贸易争端的解决变得更加困难，因为各方之间缺乏共同的理解和协调。

由于缺乏信任和合作意愿，各方可能更愿意通过法律程序来解决争端。这可能导致争端解决变得更加冗长和昂贵，因为涉及法律程序和诉讼费用。这种文化倾向还可能导致贸易争端的解决变得更加对抗性。各方可能更倾向于采取敌对的态度，试图在争端中取得最大的利益。这可能导致贸易争端解决的过程变得更复杂和紧张，增加了解决问题的难度。

3. 解决方式和效果

裁决结果是贸易争端解决的最终结果，具有法律约束力。裁决结果的执行对于维护贸易秩序和保障各方权益至关重要。一旦裁决出炉，双方都必须遵守裁决，否则将面临法律责任和制裁。裁决结果的内容包括对争端事项的裁决和应采取的措施，双方都有责任确保裁决结果得到有效执行。对于获胜方来说，执行裁决可以保障其权益得到有效保护，对于败诉方来说，执行裁决则是尊重国际法和维护国际贸易秩序的必然要求。

国际贸易争端解决通常涉及多个国家或地区，因此需要各方共同努力来执行裁决。各国政府和国际组织在执行裁决方面扮演着重要角色，需要通过协商和合作来确保裁决结果得到有效执行。裁决结果的执行需要遵循国际法和相关规定。根据WTO争端解决机制等相关规定，各成员必须履行裁决结果，否则将面临制裁和惩罚。同时，各方可以通过协商和谈判来解决执行过程中的问题,以确保裁决结果的有效执行。

(二) 风险承受度

不同文化可能对风险的承受度有所不同。一些文化可能更愿意承担风险,而另一些文化可能更谨慎。这可能会影响到其对待贸易争端时的态度和行为。

1. 风险承受度的文化差异

不同文化对风险的承受度存在显著差异,这种差异在贸易争端解决中具有重要意义。一些文化更倾向于承担风险,将其视为机会和挑战,而另一些文化则更注重避免风险,更倾向于保守和稳健。在一些文化中,人们更愿意承担风险,这可能源于他们对未来的乐观态度和对自己能力的信心。他们认为高风险带来的回报更大,因此更愿意冒险尝试新的事物。这种文化背景下的人们在贸易争端解决中可能更愿意采取激进的行动,更愿意尝试新的解决方案,甚至愿意承担一定的风险以换取更大的利益。

相反,另一些文化更谨慎和保守。这些文化背景下的人们可能更注重稳定和安全,更倾向于避免风险。他们可能更愿意选择传统的解决方式,避免可能带来的不确定性和风险。在贸易争端解决中,这种文化背景下的人们可能更倾向于选择稳健的解决方案,避免可能的风险和损失。这种文化差异对贸易争端解决产生了深远影响。在处理贸易争端时,了解各方文化背景下的风险承受度有助于更好地预测和理解他们的行为与决策。这有助于各方更好地协商和沟通,在解决问题时更加灵活和适应各方的风险偏好。因此,文化对风险承受度的影响是贸易争端解决中不容忽视的重要因素。

2. 对待贸易争端的态度

文化对风险承受度的影响在处理贸易争端时会体现出不同的态度。在风险承受度较高的文化中,人们可能更愿意冒险,更倾向于采取激进的行动来解决争端。他们可能更愿意尝试新的解决方案,甚至愿意承担一定的风险,以换取更大的利益。这种文化背景下的人们在处理贸易争端时可能更倾向于采取激进的策略,包括采取强硬的立场和行动。他们可能更愿意冒险挑战现状,寻求更有利的解决方案。他们可能更倾向于采取非传统的方式解决问题,包括采取不寻常的措施和决策。

相反,在风险承受度较低的文化中,人们可能更谨慎,更倾向于采取稳健的方式解决争端。他们可能更注重避免可能的风险和损失,更愿意选择传统的解决方式,以确保问题的稳定解决。这种文化背景下的人们在处理贸易争端时可能更倾向于采取保守的策略，避免冒险和不确定性。文化对待贸易争端的态度影响解决问题的方式和效果。在处理贸易争端时，了解各方文化背景下的风险承受度和态度有助于更好地理解他们的行为与决策。这有助于各方更好地协商和沟通，在解决问题时更灵活，更好适应各方的风险偏好。因此，文化对待贸易争端的态度是贸易争端解决中需要考虑的重要因素。

3. 影响解决效果的因素

风险承受度对贸易争端解决的效果具有显著影响。在风险承受度较高的文化中，人们更愿意尝试新的解决方案，更能接受解决过程中的不确定性和风险。这种文化背景下的人们在贸易争端解决中可能会更加灵活和创新，更愿意尝试一些非传统的解决方式。由于风险承受度较高的文化更能接受不确定性和风险，他们可能更愿意在解决过程中做出一些让步，以换取更大的利益。这种态度有助于促进谈判的进展，可能会使各方更容易达成协议。在贸易争端解决中，这种灵活性和创新性可能会为各方带来更多的机会，更有可能达成双赢的解决方案。风险承受度较低的文化可能更倾向于选择传统的解决方式，更注重解决方案的稳定性和可靠性。这种文化背景下的人们可能更谨慎和保守，在面对贸易争端时可能更倾向于选择安全的解决方式，避免可能的风险和损失。这种态度可能会导致他们错失一些机会，因为他们可能会过分关注风险，而忽视了潜在的好处。

4. 文化间的平衡

在贸易争端解决中，不同文化的风险承受度可能会相互平衡，这种平衡有助于在双方之间达成一种共识和解决方案。当一个文化更愿意承担风险时，另一个文化可能会更谨慎，从而在双方之间形成一种平衡。风险承受度较高的文化可能会通过其愿意承担的风险来为解决贸易争端提供更多的选择和可能性。这种文化背景下的人们可能更愿意尝试新的解决方案，更愿意冒险尝试不同的方法来解决问题。这种态度可能会为解决贸易争端带来更多的创新和灵活性。

风险承受度较低的文化可能会通过其谨慎和保守来提醒另一方注意潜在的风险和不确定性。这种文化背景下的人们可能更注重稳定和安全，更倾向于选择传统的解决方式来避免可能的风险和损失。这种态度可能会在一定程度上平衡另一方的冒险行为，从而促成双方之间的协商和妥协。在贸易争端解决中，文化间的平衡有助于各方更好地理解和尊重彼此的风险偏好，从而找到更加可接受的解决方案。这种平衡有助于促进协商和妥协，避免极端的立场和行动，从而为解决贸易争端创造更有利的条件。

第二节　文化因素对争端解决的局限性和挑战

一、文化因素对国际贸易争端解决的局限性

（一）沟通障碍

在国际贸易争端解决中，沟通障碍是一个常见且重要的问题，主要源于不同文化背景下人们对沟通方式的理解和偏好不同。这种文化差异可能导致误解、误判和不良影响，从而影响贸易争端的解决效果。不同文化对于非言语沟通和间接表达的重视程度有所不同。一些文化注重非言语沟通，如肢体语言、面部表情和身体姿势等，在交流中会更加注重这些细微的信号。然而，另一些文化可能更倾向于直接的言语表达，更注重文字和语言的准确性和明确性。这种文化差异可能导致在贸易争端解决过程中的信息传递不畅，容易产生误解和误判。

一些文化更倾向于集体式的沟通方式，更注重团队合作和共识达成；而另一些文化可能更倾向于个人主义，更注重个人意见和立场的表达。这种文化差异可能导致在贸易争端解决过程中的冲突和分歧，影响双方的协商和妥协。不同文化对于沟通中的礼仪和尊重也有不同的要求。一些文化注重礼貌和尊重，更注重在沟通中保持良好的人际关系；而另一些文化可能更直接和坦率，更注重事实和结果。这种文化差异可能导致在贸易争端解决过程中的不适当言行，影响双方的互信和合作。

（二）价值观差异

在国际贸易争端解决中，价值观差异是一个重要的文化因素，可能导致双方在解决方案的看法和接受程度上存在分歧和冲突。不同文化对于价值观念和道德标准的看法有所不同，这种差异可能影响到贸易争端的解决效果。在这些文化中，人们更倾向

于考虑整体利益，尊重集体决策和共同利益。因此，在贸易争端解决中，他们可能更愿意做出一些牺牲和让步，以维护整体的和谐和稳定。然而，另一些文化可能更注重个人利益和自我保护。在这些文化中，人们更倾向于追求个人利益和权益，更注重个人的权利和自由。这种价值观差异可能导致在解决贸易争端时的立场和偏好不同，可能会影响到解决方案的达成。

一些文化注重道德和公正，更注重公平的原则和价值观，可能更倾向于寻求公正和合理的解决方案，更注重解决方案的道德性和合法性。然而，另一些文化可能更注重结果和效益，更倾向于追求实际利益和效果。这种价值观差异可能导致在解决贸易争端时的分歧和冲突，影响到解决方案的达成和执行。

(三) 决策方式不同

在国际贸易争端解决中，不同文化在决策方式上的差异可能导致决策过程和结果的不同，从而影响到贸易争端的解决效果。在这些文化中，人们更注重团队合作和共识达成，更愿意通过集体讨论和协商来解决问题。因此，在贸易争端解决中，他们可能更愿意寻求共同利益和共赢的解决方案，更注重整体的和谐和稳定。然而，另一些文化可能更倾向于个人决策和强硬立场。在这些文化中，个人的意见和立场可能更为重要，更愿意坚持自己的观点和利益。这种决策方式的不同可能导致在解决贸易争端时的矛盾和难以达成一致。

在贸易争端解决中，一些文化更注重权威和领导力，更倾向于听从领导的决策和指导，可能更愿意接受领导的建议和决策，更注重领导的指导和规划。然而，另一些文化可能更注重个人自由和民主原则，更倾向于自主决策和民主决策。这种差异可能导致在解决贸易争端时的领导方式和决策方式的不同，影响到解决方案的达成和执行。

(四) 法律制度差异

在国际贸易争端解决中，法律制度差异是一个重要的文化因素，可能影响贸易争端解决的效果。不同文化对于法律制度和法律规定的理解和遵守程度存在差异，这种差异可能导致在解决贸易争端时的不确定性和争议。在这些文化中，人们更愿意遵守法律规定，更注重法律的权威和约束力。因此，在贸易争端解决中，他们可能更愿意通过法律手段来解决争端，更注重法律的适用和执行。然而，另一些文化可能更倾向于寻求非法律手段解决争端。在这些文化中，人们可能更倾向于寻求其他方式来解决问题，如通过社会关系和谈判等方式。这种法律制度差异可能导致在解决贸易争端时的不确定性和争议。一些文化可能更注重法律规定的严格遵守和程序的合法性，更愿意通过法律程序来解决争端。然而，另一些文化可能更注重结果和效果，更愿意寻求快速解决方案，可能会选择非法律手段来解决争端。这种差异可能导致在解决贸易争端时的程序不同，可能会影响解决方案的达成和执行。

二、文化因素对国际贸易争端解决的挑战

（一）跨文化交流困难

在国际贸易争端解决中，跨文化交流困难是一个重要的挑战，主要源于不同文化背景下人们对沟通方式、表达方式和思维方式的理解和偏好不同。这种差异可能导致在解决贸易争端过程中的沟通困难，增加了解决争端的复杂性和难度。一些文化可能更注重语言的准确性和明确性，更倾向于直接表达和言语沟通。然而，另一些文化可能更注重非言语沟通和间接表达，更注重非言语信号和细微的暗示。这种语言差异可能导致在贸易争端解决过程中的理解误差和沟通障碍，增加了解决争端的难度。

一些文化更倾向于集体式的沟通方式，更注重团队合作和共识达成；而另一些文化可能更倾向于个人主义，更注重个人意见和立场的表达。这种沟通方式的差异可能导致在解决贸易争端过程中的沟通不畅和误解，增加了解决争端的复杂性和难度。不同文化对于沟通中的礼仪和尊重也有不同的要求。一些文化注重礼貌和尊重，更注重在沟通中保持良好的人际关系；而另一些文化可能更直接和坦率，更注重事实和结果。这种文化差异可能导致在贸易争端解决过程中的不适当言行和争执，增加了解决争端的难度。

（二）文化冲突和误解

文化冲突和误解是国际贸易争端解决中常见的挑战，主要是因为不同文化背景下的人们对待问题、价值观念和决策方式存在差异。这种差异可能导致在贸易争端解决过程中的不信任和困境，增加了解决争端的复杂性和挑战性。不同文化对于问题的看法和解决方式可能存在差异，导致在贸易争端解决中的立场和偏好不同。例如，某些

文化可能更注重集体利益和整体利益,更愿意做出一些牺牲和让步以维护整体的和谐和稳定;而另一些文化可能更注重个人利益和自我保护,更倾向于坚持自己的观点和利益。这种问题上的分歧可能导致在解决贸易争端时的冲突和难以达成一致。

不同文化对价值观念和道德标准的看法可能存在差异,导致在贸易争端解决中的分歧和冲突。一些文化可能更注重集体利益和社会责任感,更愿意考虑整体的利益和影响;而另一些文化可能更注重个人利益和自我保护,更愿意追求个人权益和利益最大化。这种价值观念上的差异可能导致在解决贸易争端时的意见分歧和争执。不同文化对决策方式和方式的理解和偏好可能不同,导致在解决贸易争端时的决策过程和结果的不同。一些文化更倾向于集体决策和妥协,更注重团队合作和共识达成;而另一些文化可能更倾向于个人决策和强硬立场,更注重个人意见和立场的表达。这种决策方式上的差异可能导致在解决贸易争端时的立场和偏好不同,增加了解决争端的复杂性和挑战性。

(三) 法律和制度不一致

文化因素在国际贸易争端解决中的一个重要挑战是法律和制度的不一致。不同文化对于法律制度和法律规定的理解和遵守程度存在差异,这可能导致在解决贸易争端时的法律和制度不一致,增加了解决争端的复杂性和难度。一些文化更注重法律的权威和约束力,认为法律是维护社会秩序和公平正义的重要工具,更愿意遵守法律规定和法律程序。然而,另一些文化可能对法律的权威和约束力持怀疑态度,更倾向于寻求非法律手段解决问题。这种法律权威和约束力的差异可能导致在解决贸易争端时的法律观念不一致,增加了解决争端的难度。

一些文化更注重法律规定的严格遵守和程序的合法性,更愿意通过法律程序来解决争端。然而,另一些文化可能更注重结果和效果,更愿意寻求快速解决方案,可能会选择非法律手段来解决争端。这种法律规定和程序的差异可能导致在解决贸易争端时的法律适用不一致,增加了解决争端的复杂性和难度。不同文化对于法律制度和法律规定的理解和遵守程度也可能导致在解决贸易争端时的不确定性和争议。一些文化可能更愿意遵守法律规定和法律程序,更注重法律的适用和执行;而另一些文化可能更倾向于寻求非法律手段解决争端,更注重结果和效果。这种不确定性和争议可能导致在解决贸易争端时的法律和制度不一致,增加了解决争端的复杂性和挑战性。

（四）决策方式的差异

文化因素对国际贸易争端解决的挑战之一是决策方式的差异。不同文化可能在决策方式上存在差异，这可能导致在解决贸易争端时的决策过程和结果的不同。一些文化更倾向于集体决策和妥协，而另一些文化可能更倾向于个人决策和强硬立场，这种差异可能增加了解决争端的复杂性和挑战性。重视团队合作和共识达成，决策往往是通过集体讨论和协商达成的。在解决贸易争端时，这种文化倾向可能导致各方更愿意就解决方案进行妥协和谈判，寻求共同利益的平衡点。

在这些文化中，个人的意见和立场往往比较重要，决策过程可能更为直接和迅速。在解决贸易争端时，这种文化倾向可能导致一方更倾向于坚持自己的立场，不愿意做出妥协，增加了解决争端的难度。这种决策方式的差异可能导致在解决贸易争端时的冲突和对立。一方面，集体决策和妥协的文化倾向可能导致各方更愿意就解决方案进行协商和妥协，有助于解决贸易争端。另一方面，个人决策和强硬立场的文化倾向可能导致各方更倾向于坚持自己的立场，增加了解决争端的复杂性和挑战性。

（五）文化差异对解决方案的影响

文化差异对国际贸易争端解决方案的影响是一个重要挑战。由于文化差异，各方对于解决方案的接受程度和理解程度可能存在差异。在一个文化中被认为是合理和有效的解决方案，在另一个文化中可能被视为不可接受或不合理，这可能导致在解决贸易争端时的分歧和困难。不同文化对于合理性和效果的评判标准可能存在差异，导致对于解决方案的接受程度有所不同。例如，某些文化可能更注重共赢和合作，更愿意接受妥协性的解决方案；而另一些文化可能更注重自我保护和权益维护，更倾向于坚持自己的立场。这种对于解决方案的接受程度的差异可能导致在解决贸易争端时的分歧和困难。

不同文化对于问题的理解和解决方式可能存在差异，导致对于解决方案的理解程度有所不同。例如，某些文化可能更注重非言语沟通和间接表达，更倾向于通过暗示和隐喻来传达意思；而另一些文化可能更注重直接表达和言语沟通，更愿意明确表达立场和要求。这种对于解决方案的理解程度的差异可能导致在解决贸易争端时的误解和困惑。

第三节 文化因素对争端解决的启示和建议

一、文化因素对国际贸易争端解决的启示

(一) 加强跨文化交流和理解

文化差异在国际贸易争端中扮演着重要角色,而加强跨文化交流和理解则是解决贸易争端的关键。在贸易争端中,各方往往具有不同的文化背景和价值观念,这可能导致沟通困难和误解。因此,加强跨文化交流和理解至关重要。加强跨文化交流可以帮助各方更好地理解对方的立场和诉求。通过交流,各方可以了解对方的文化背景、价值观念以及决策方式,从而更加理解对方的行为和立场。这有助于减少误解和猜忌,增进彼此的信任。

在贸易争端解决过程中,各方需要就解决方案进行协商和谈判。通过加强跨文化交流,各方可以更好地理解彼此的需求和利益,寻求共同利益的平衡点,推动贸易争端的解决。加强跨文化交流还可以促进文化多样性和包容性。不同文化有着不同的价值观念和生活方式,加强跨文化交流可以促进文化之间的相互理解和尊重,建立一个更加包容和和谐的国际贸易环境。

(二) 尊重和包容不同文化

在解决贸易争端的过程中,尊重和包容不同的文化是至关重要的。贸易争端往往涉及各方的核心利益和文化背景,因此,理解和尊重对方的文化差异是解决争端的关键。尊重对方的文化意味着不将自己的文化观念强加于对方。每个国家都有其独特的文化传统和价值观念,这些因素在决策和行为中都会起到重要作用。因此,在解决贸易争端时,应该尊重对方的文化背景,理解其文化差异对其决策方式和行为的影响。

尊重和包容不同文化有助于增加解决方案的接受程度。如果一方尊重并考虑到了对方的文化差异,就会更有可能提出一种既考虑到了自身利益又尊重对方文化的解决方案。这样的解决方案更容易被各方接受,从而促进贸易争端的和解和解决。尊重和

包容不同文化还可以促进贸易争端解决方案的创新。不同文化背景和价值观念的碰撞往往会激发出新的想法和观点，这些新观点可能会带来新的解决方案。因此，尊重和包容不同文化可以为贸易争端的解决带来多元化和创新性。

（三）寻求平衡和妥协

文化差异在解决贸易争端中可能导致各方之间的分歧和困难。面对这种情况，各方需要寻求平衡和妥协，以尽量达成双方都能接受的解决方案。在贸易争端的解决过程中，平衡各方的利益和关注点至关重要，这不仅可以增加解决争端的成功率，还可以为未来建立更加稳固的合作关系奠定基础。各方需要认识到，贸易争端往往涉及各自的核心利益和重要关注点，因此在解决争端时必须考虑到对方的立场和需求。通过平衡双方的利益，可以使解决方案更具可操作性和可持续性。例如，在双边贸易争端中，双方可以就某些问题进行让步，以换取对方在其他方面的配合，从而达成双赢的局面。

由于文化差异的存在，双方在看待问题和解决问题的方式上可能存在差异，因此需要做出一定程度的妥协。在进行妥协时，各方需要综合考虑自身利益和维护合作关系的重要性，避免因为一时的胜利而伤害了长远的合作前景。例如，在多边贸易谈判中，各国需要就各自的核心利益做出一定的妥协，以推动谈判取得实质性进展。通过不断的平衡和妥协，各方可以建立起相互尊重、合作共赢的关系，为未来解决贸易争端打下坚实的基础。因此，在解决贸易争端时，各方应保持开放的心态，积极寻求平衡和妥协的解决方案，共同推动贸易争端的解决，实现共同发展和繁荣。

（四）借鉴文化间的解决方式

在解决贸易争端时，不同文化背景下的解决问题方式和方法可以为各方提供宝贵的借鉴。通过借鉴对方的解决方式，各方可以更加全面地考虑问题，寻找更加有效的解决方案。例如，一些文化注重集体决策和妥协，可以帮助各方更好地协商解决贸易争端。借鉴文化间的解决方式可以帮助各方更好地理解对方的立场和需求。不同文化有着不同的价值观和思维方式，因此在解决问题时往往会采取不同的方式和方法。借鉴对方的解决方式，可以帮助各方更加全面地了解对方的立场和需求，从而更好地协商解决贸易争端。

借鉴文化间的解决方式可以帮助各方找到更加切实可行的解决方案。不同文化在解决问题时往往会有着各自独特的方法和技巧，这些方法和技巧在实践中可能会取得良好的效果。因此，各方可以借鉴对方的解决方式，寻找更切实可行的解决方案，从而更好地解决贸易争端。贸易争端的解决不仅是一场博弈，更是一次文化交流和理解的机会。借鉴对方的解决方式，可以促进文化交流和理解，增进各方之间的互信和合作，为未来建立更加稳固的合作关系奠定基础。

（五）建立多元化的解决机制

在解决贸易争端时，考虑到文化差异的存在，建立多元化的解决机制至关重要。多元化的解决机制可以为各方提供更多选择，更好地适应不同文化背景下的贸易争端解决需求，有助于提高解决争端的成功率和效率。多元化的解决机制可以增加解决争端的灵活性和适应性。在不同文化背景下，各方对于解决问题的方式和方法可能有所不同，因此需要建立灵活多样的解决机制，以满足各方的需求。例如，一些文化注重妥协和集体决策，可以采取调解方式解决贸易争端；而另一些文化则更倾向于通过仲裁解决争端。建立多元化的解决机制可以为各方提供更多选择，增加解决争端的成功率。

在贸易争端解决过程中，各方可能需要花费大量时间和精力来协商和达成一致意见。建立多元化的解决机制可以使各方更加迅速地选择合适的解决方式，从而提高解决争端的效率。例如，在一些简单的贸易争端中，可以通过谈判迅速解决；而在一些复杂的贸易争端中，可能需要通过仲裁等方式解决。多元化的解决机制可以促进文化交流和理解。建立多元化的解决机制，各方可以更加深入地了解对方的文化背景和解决问题的方式，增进彼此之间的理解和信任，为未来的合作奠定基础。同时，多元化的解决机制也可以促进不同文化之间的交流和合作，推动贸易争端的解决，实现共同发展和繁荣。

二、文化因素对国际贸易争端解决的建议

（一）尊重对方文化

在解决贸易争端时，尊重对方文化是至关重要的。不同国家有着不同的文化传统、

价值观念和行为准则,这些因素都会影响到各方在贸易争端中的态度和行为。因此,尊重对方文化可以帮助各方更好地理解对方的立场和需求,从而更有效地协商解决争端。尊重对方文化可以增进双方之间的理解和信任。贸易争端往往涉及各方的核心利益和重要关注点,因此在解决争端时必须考虑到对方的文化背景和价值观念。尊重对方文化,可以避免言语和行为上的冒犯,增进双方之间的理解和信任,有助于建立起合作关系,共同推动解决贸易争端的进程。

尊重对方文化可以降低解决争端的难度和风险。文化差异可能导致在解决贸易争端时的分歧和困难,如果各方不尊重对方文化,可能会引发更大的争端,甚至会导致合作关系的破裂。因此,在解决贸易争端时,各方应尊重对方文化,避免激化矛盾,减少解决争端的难度和风险。尊重对方文化可以促进文化交流和共享。贸易争端的解决不仅是一场博弈,更是一次文化交流和共享的机会。尊重对方文化,可以促进文化交流和共享,增进各方之间的了解和合作,为未来建立更加稳固的合作关系奠定基础。

(二) 借鉴对方解决方式

在解决贸易争端时,借鉴对方的解决方式是一种明智的做法。在不同文化背景下,人们有着不同的解决问题方式和方法,这种差异可能会对贸易争端的解决产生积极影响。借鉴对方的解决方式可以帮助各方更全面地考虑问题,寻找更有效的解决方案。借鉴对方的解决方式有助于增进双方之间的理解和信任。在贸易争端中,双方往往有着不同的文化背景和价值观念,这可能导致在解决问题时产生分歧。借鉴对方的解决方式,可以帮助各方更好地理解对方的立场和需求,从而增进双方之间的理解和信任,有助于顺利解决贸易争端。

不同文化在解决问题时往往有着各自独特的方法和技巧,这些方法和技巧在实践中可能会取得良好的效果。因此,各方可以借鉴对方的解决方式,寻找更加切实可行的解决方案,从而更好地解决贸易争端。借鉴对方的解决方式可以促进文化交流和理解。借鉴对方的解决方式,可以促进文化交流和理解,增进各方之间的互信和合作,为未来建立更加稳固的合作关系奠定基础。同时,借鉴对方的解决方式可以促进不同文化之间的交流和合作,推动贸易争端的解决,实现共同发展和繁荣。

(三) 建立多元化的解决机制

在处理国际贸易争端时,文化差异是一个重要的考量因素。建立多元化的解决机制可以更好地适应不同文化背景下的贸易争端解决需求,提高解决争端的成功率和效率。多元化的解决机制包括了谈判、调解、仲裁等多种方式,各种方式都有其适用的场景和优势。谈判是一种常见的解决方式,通过双方协商达成共识。谈判强调双方之间的沟通和妥协,适用于一些较为简单的贸易争端,可以快速达成解决方案。在谈判过程中,各方需要尊重对方文化,以建立互信基础,促进解决方案的达成。

调解是一种更为灵活的解决方式,可以在谈判的基础上引入第三方调解员。调解员可以帮助各方更好地理解对方立场,提出中立的建议,促使双方达成妥协。调解适用于一些复杂的贸易争端,可以加速解决过程,减少争端的升级风险。仲裁是一种更正式的解决方式,由专业的仲裁员根据事实和法律裁决争端。仲裁通常速度较快,适用于一些紧急的贸易争端。在仲裁过程中,各方需要遵守仲裁规则,接受仲裁结果,确保争端得到公正解决。建立多元化的解决机制有助于促进文化交流和理解。运用多种方式解决贸易争端,可以增进各方对彼此文化的了解,减少文化误解和冲突。良好的跨文化交流有助于建立长期稳定的合作关系,为未来的贸易合作打下坚实的基础。

(四) 寻求平衡和妥协

文化差异在解决贸易争端时可能导致各方之间的分歧和困难。面对这种情况,各方需要寻求平衡和妥协,以尽量达成双方都能接受的解决方案。在贸易争端的解决过程中,平衡各方的利益和关注点至关重要,这不仅可以增加解决争端的成功率,还可以为未来建立更加稳固的合作关系奠定基础。各方需要认识到,贸易争端往往涉及各自的核心利益和重要关注点,因此在解决争端时必须考虑到对方的立场和需求。平衡双方的利益,可以使解决方案更具可操作性和可持续性。例如,在双边贸易争端中,双方可以就某些问题进行让步,以换取对方在其他方面的配合,从而达成双赢的局面。由于文化差异的存在,双方在看待问题和解决问题的方式上可能存在差异,因此需要做出一定程度的妥协。在进行妥协时,各方需要综合考虑自身利益和维护合作关系的重要性,避免因为一时的胜利而伤害了长远的合作前景。例如,在多边贸易谈判中,各国需要就各自的核心利益做出一定的妥协,以推动谈判取得实质性进展。

(五) 加强跨文化沟通和交流

解决贸易争端需要各方加强跨文化沟通和交流，这有助于增进对彼此文化的了解，减少文化误解和冲突。良好的跨文化沟通是建立合作关系、推动贸易争端解决的关键。在贸易争端解决过程中，各方可能会受到自身文化背景的影响，对对方的文化产生偏见或误解。通过跨文化沟通，各方可以更深入地了解彼此的文化特点、价值观念和行为准则，从而建立起更加全面的认知和理解，有助于缓解文化冲突和误解。各方需要合作才能找到解决方案。通过跨文化沟通，各方可以增进对彼此的信任和了解，建立起良好的合作关系，共同推动解决贸易争端的进程。良好的合作关系是解决贸易争端的基础，有助于达成双方都能接受的解决方案。各方需要进行信息交流、立场表达和意见协商。通过跨文化沟通，各方可以更有效地交流和协商，找到解决问题的有效途径和方法，从而推动贸易争端的解决。良好的跨文化沟通有助于减少解决争端的时间和成本，实现双赢的局面。

第四节 文化问题的解决方法

一、文化教育和培训

加强国际贸易从业人员的文化教育和培训，可以使他们更加了解和尊重不同文化背景下的商务礼仪、价值观念和行为准则，从而减少文化误解和冲突，促进跨文化合作。文化教育和培训可以帮助国际贸易从业人员更好地理解不同文化背景下的商务礼仪。不同国家有着不同的商务礼仪，了解这些礼仪可以帮助从业人员在国际贸易中更加得体地行事，避免因为不了解当地礼仪而引发的文化冲突。

文化教育和培训可以帮助国际贸易从业人员更好地理解不同文化背景下的价值观念。不同文化有着不同的价值观念，这些价值观念会影响到人们的行为和决策。通过文化教育和培训，从业人员可以更好地理解对方的价值观念，从而更好地沟通和合作。文化教育和培训可以帮助国际贸易从业人员更好地理解不同文化背景下的行为准则。不同文化对于行为的要求和规范也有所不同，了解这些准则可以帮助从业人员在国际贸易中避免不必要的冲突和误解，提高工作效率和质量。

二、建立文化交流平台

建立国际贸易文化交流平台是解决国际贸易中文化问题的重要举措。这样的平台为各国贸易从业人员提供了交流和学习的机会，有助于增进彼此对文化的了解，增进相互理解和信任。通过这样的平台，不同国家的贸易从业人员可以相互交流经验、分享观点，从而更好地了解彼此的文化背景和商务实践。这有助于促进跨文化合作，解决由文化差异引起的问题。

文化交流平台有助于促进国际贸易从业人员之间的沟通和合作。在国际贸易中，良好的沟通和合作至关重要。通过参加文化交流平台，各国贸易从业人员可以增进相互之间的了解和信任，建立起良好的合作关系，推动国际贸易的发展。文化交流平台可以促进国际贸易文化的传承和发展。在文化交流平台上，各国贸易从业人员可以学习和借鉴其他国家的文化传统和商务实践，从而丰富自己的文化内涵，提高文化素养，推动国际贸易文化的传承和发展。

三、制定文化交流指南

在国际贸易中，文化交流是至关重要的一环。各国之间的文化差异可能导致误解和冲突，因此，制定国际贸易文化交流指南显得尤为重要。这些指南可以明确各种文化背景下的商务礼仪和交流方式，有助于规范国际贸易文化交流的行为，减少文化冲突的发生。文化交流指南应该包括对不同文化背景下的商务礼仪的介绍。例如，在中国，人们重视礼节和尊重。在商务场合，应该注意给对方留足面子，不要在公开场合批评或质疑对方。相比之下，在西方国家，更加注重效率和直接性。因此，在商务交流中，应该尽量直接表达自己的意见和需求，避免过多的拐弯抹角。

文化交流指南还应该涵盖不同文化背景下的交流方式。例如，在一些亚洲国家，人们习惯于使用含蓄的语言和非言语行为来表达自己的意图，因此在与这些国家的商务伙伴交流时，需要更敏感地捕捉他们的言外之意。而在西方国家，人们更加直接和开放，因此在交流时，可以更加直接地表达自己的想法和感受。文化交流指南还应该强调在跨文化交流中的尊重和包容。尊重对方的文化背景和习俗是进行有效交流的关键。在面对不同文化背景的人时，我们应该尽量避免偏见和刻板印象，尊重对方的习俗和价值观。

四、加强国际贸易文化研究

在当今全球化的背景下，国际贸易已经成为各国经济发展的重要组成部分。而文化因素作为国际贸易中不可忽视的一环，对贸易活动的进行产生着深远影响。因此，加强对国际贸易文化的研究，深入探讨不同文化背景下的商务行为规范和交流方式，对于提供更准确的文化指导、促进跨文化合作具有重要意义。加强国际贸易文化研究有助于更好地理解不同文化背景下的商务行为规范。不同文化之间存在着差异，包括在商务活动中的行为规范。例如，在一些亚洲国家，人们更注重面子和尊重，因此在商务交流中需要更加注重礼节和尊重对方的感受。而在西方国家，人们更注重效率和直接性，在商务交流中更倾向于直接表达自己的意见和需求。了解这些差异有助于避免文化冲突，提高商务合作的效率。

随着全球化的发展，各国之间的经济联系日益紧密，跨文化合作成为越来越常见的现象。而了解对方的文化背景和习俗，可以帮助建立起更加良好的合作关系。通过研究国际贸易文化，可以为跨文化合作提供更为准确的指导，促进各国之间的经济交流与合作。加强国际贸易文化研究还有助于推动文化交流与互鉴。不同文化之间的交流可以促进文化的互相理解与尊重，有助于构建一个更加和谐的国际社会。深入研究国际贸易文化，可以为文化交流提供更多的案例和经验，丰富各国之间的文化交流内容，推动文化的多样性与繁荣。

五、建立文化咨询机构

在国际贸易中，文化因素扮演着至关重要的角色。随着全球化的深入发展，各国之间的经济联系日益紧密，跨文化交流与合作变得越发频繁。然而，不同文化之间存在着差异，这些差异可能会导致误解、冲突甚至合作失败。为了更好地促进国际贸易文化的和谐发展，建立专门的文化咨询机构显得尤为重要。建立文化咨询机构可以为国际贸易从业人员提供专业的文化咨询和解决方案。这些机构可以深入研究不同文化背景下的商务行为规范和交流方式，为企业提供准确的文化指导，帮助其更好地理解和融入当地文化，避免文化冲突，提高商务合作的效率。

　　文化咨询机构可以帮助各方更好地应对文化冲突和问题。在国际贸易中，文化冲突是不可避免的。而建立文化咨询机构可以为企业提供应对文化冲突的解决方案，帮助企业更好地处理跨文化交流中的问题，维护良好的商务关系。建立文化咨询机构还可以促进国际贸易文化的和谐发展。通过向企业提供文化咨询和培训，帮助企业更好地理解和尊重不同文化，促进文化多样性和包容性，推动国际贸易文化的和谐发展。

第八章 国际贸易争端解决的环境问题

第一节 环境因素对争端解决的影响

一、政治环境影响

（一）国家政策和立场

国家政策和立场在国际贸易争端解决中扮演着至关重要的角色。国家的政策和立场直接影响着争端解决的过程和结果，尤其是在涉及国家利益和政治目标的情况下。一些国家将争端解决视为国家利益和政治目标的一部分，这可能会导致争端解决变得更加复杂和困难。国家的政策和立场反映了其在争端解决中的态度和立场。一些国家可能会采取强硬的立场，坚持自己的主张，不愿意做出让步。在这种情况下，即使存在解决争端的可能性，也可能因为双方立场的僵持而导致争端无法解决。

国家的政策和立场也反映了其在争端解决中的优先考虑因素。一些国家可能会将其利益和政治目标置于首位，导致在争端解决中缺乏灵活性和妥协的空间。在这种情况下，争端解决往往会受到政治因素的影响，难以达成一致意见。国家的政策和立场还会影响到其在争端解决中的行为和策略选择。一些国家可能会采取积极主动的策略，通过加强外交努力和谈判来解决争端。而另一些国家可能会采取消极抵抗的策略，试图拖延和阻挠争端解决的进程。

（二）国际关系

良好的国际关系有助于缓和争端，而紧张的国际关系可能会加剧争端的复杂性和敏感性。在国际关系良好的情况下,国家间更容易通过对话和协商解决争端,促进合作。例如,当国家间建立了相互尊重、平等相待的关系时,它们更愿意通过国际法律和协定来解决争端,而不是通过冲突或战争。这种情况下,国际社会更倾向于支持和协助争端解决,有利于维护地区和世界的和平稳定。当国际关系紧张时,争端解决就会变得更加困难。紧张的国际关系可能会导致国家间的不信任和敌对情绪加剧,使得各方更倾向于通过强硬手段来解决争端,甚至可能演变成冲突或战争。例如,如果两个国家存在领土争端,但彼此之间的关系紧张,那么解决争端的可能性就会大大降低,因为双方更倾向于坚持自己的立场,而不愿意做出让步或寻求妥协。维护良好的国际关系对于争端解决至关重要。国家间应该通过对话和协商,建立相互尊重、平等相待的关系,以促进争端解决和合作。同时,国际社会也应该加强合作,共同努力维护地区和世界的和平稳定,避免因国际关系紧张而导致的争端和冲突。

二、经济环境影响

(一)经济实力和利益

经济实力和利益在国家争端解决中起着至关重要的作用。首先,经济实力是国家在争端解决中的一项重要资源。经济强大的国家通常拥有更多的资源和手段,可以通过经济制裁、贸易优惠等方式影响其他国家的行为,从而在争端解决中占据更有利的地位。例如,一个经济强大的国家可以通过对另一个国家的出口限制或投资制裁来施压,迫使对方做出让步或妥协。

每个国家都有自己的利益诉求和战略目标,而在争端解决中,国家通常会根据自己的利益来选择合适的策略。例如,如果一个国家认为某个争端事项关乎其核心利益或国家安全,那么它可能会采取更强硬的立场,不愿意做出妥协。相反,如果一个国家认为可以通过妥协来维护自己的重要利益,那么它可能会选择更加灵活的策略,以尽快解决争端。

经济实力和利益还会影响国家在争端解决中的影响力和议价能力。经济强大的国家通常在国际事务中具有更大的影响力和议价能力,其他国家更愿意与其合作或妥协,以避免因与其发生争端而导致的经济损失或其他不利影响。因此,国家在争端解决中的地位和策略选择往往受到其经济实力和利益的制约与影响。

(二) 贸易依存度

高度依赖贸易的国家通常更倾向于通过协商和谈判来解决争端,以避免对经济造成不利影响。这是因为,对于这些国家来说,贸易对经济增长和就业的贡献非常重要,一旦发生贸易争端,可能会导致贸易中断、经济下滑等不利后果。在贸易依存度较高的国家,政府和社会更加注重维护贸易稳定和预防贸易争端。这些国家通常会采取一系列措施,如签订贸易协定、建立贸易仲裁机制等,以确保贸易顺畅进行。同时,这些国家也更加重视与贸易伙伴之间的关系,努力保持友好合作,避免因贸易争端而破坏贸易关系。高度依赖贸易的国家还可能更愿意通过多边机制来解决争端,以获取更多的国际支持和认可。这是因为,多边机制通常能够提供更加公正和透明的争端解决程序,有助于维护贸易秩序和稳定。因此,在贸易依存度较高的国家,政府和社会通常会更加倾向于支持多边贸易体制,以保障自身的贸易利益。

三、法律环境影响

(一) 国际法规范

国际法规范对国际争端解决起着至关重要的作用。作为国际社会共同遵守的规则和原则,国际法规范旨在维护国际秩序、促进国际合作,为国际争端的解决提供了重要的法律基础和指导。国际法规范约束着国家的行为,规定了国家在解决争端时应遵循的程序和原则。例如,根据《WTO关于争端解决的规则与程序的谅解》和其他相关协定,争端解决应遵循一定的程序,包括协商、调解、争端解决机构成立等阶段,各阶段的程序和时限都受到国际法规范的约束。国际法还规定了争端解决应遵循的原则,如公平、公正、互惠等,这些原则为争端解决提供了基本的道德和法律基础。

一旦争端解决机构做出裁决,各方都有义务根据裁决结果履行自己的义务。如果有一方拒绝执行裁决,其他方可以通过国际法律程序来强制执行,以确保裁决的执行和效力。这种通过国际法规范来约束国家行为的方式,有助于维护国际秩序和促进国际合作。国际法规范还规定了争端解决的其他相关事项,如证据的提供、程序的透明度等,这些规定都为争端解决提供了明确的指导和规范。国际法规范的适用使得争端解决的过程更加规范和有序,有助于各方更好地理解和遵守国际法律规定,从而提高争端解决的效率和公正性。

（二）双边和多边协议

双边和多边贸易协议在国际争端解决中扮演着重要角色。这些协议中的争端解决机制和规定直接影响着争端的解决方式和结果，对于国际贸易秩序的稳定和发展具有重要意义。双边和多边贸易协议通常会设立专门的争端解决机制，用于处理各种可能发生的争端。这些机制通常由独立的争端解决机构组成，负责审理争端案件并做出裁决。例如，WTO 的争端解决机制就是其成员之间遵循的一种多边争端解决机制，它通过一系列程序和规定来确保争端解决的公平和有效性。

双边和多边贸易协议中的争端解决规定也影响着争端的解决方式和结果。这些规定通常规定了争端解决的程序、时限、证据要求等具体细节，为争端解决提供了明确的指导。例如，一些协议规定了争端解决的时限，要求争端解决机构在一定的时间内做出裁决，以确保争端得到及时解决。双边和多边贸易协议中的争端解决规定还可以影响争端的结果。这些规定通常规定了争端解决机构应该根据什么标准来做出裁决，以及裁决结果的执行方式等。例如，一些协议规定了争端解决机构应该根据国际法和协议规定来做出裁决，裁决结果应该由各方共同遵守和执行。

四、文化环境影响

（一）文化差异

文化差异在国际争端解决中扮演着重要的角色。不同文化背景下的理解和解决争端的方式存在差异，这可能导致在争端解决中出现沟通障碍和误解，影响争端的解决效果。因此，了解和尊重不同文化间的差异对于有效解决争端至关重要。文化差异可能导致在争端解决中的沟通障碍。不同文化间存在不同的语言、交流方式和沟通习惯，这可能导致在争端解决过程中的误解和不良的沟通效果。例如，某些文化倾向于直接表达意见和看法，而另一些文化则更倾向于间接表达或含蓄表达，如果双方不了解对方的文化特点，就可能造成沟通不畅，进而影响争端的解决效果。

不同文化对于争端解决的方式和方法有不同的偏好和习惯，这可能导致在解决争端时的冲突和分歧。例如，某些文化更注重个人权利和利益，倾向于通过竞争和对抗来解决争端，而另一些文化则更注重集体利益和和解，倾向于通过合作和妥协来解决争端。如果双方在争端解决中无法理解对方的文化特点和偏好，就可能导致解决争端的困难和延迟。不同文化对于争端解决的标准和评判标准有着不同的理解和认知，这可能导致在解决争端时的不公正和不公平。例如，某些文化更注重个人的利益和权利，可能会偏袒自己国家或民族的利益，而忽视其他国家或民族的利益，这可能导致争端解决结果的不公正和不公平。

（二）文化因素在谈判中的作用

文化因素在国际贸易争端解决的谈判中扮演着重要的角色。不同国家的文化背景和习俗差异很大，这会直接影响谈判的方式、氛围和结果。了解对方的文化特点，可以帮助谈判双方更好地沟通、理解和协商，从而达成更加符合各方利益的解决方案。在不同文化背景下，人们对于谈判的方式和风格有着不同的偏好。一些文化倾向于直接表达自己的意见和要求，强调个人权利和立场，而另一些文化则更注重间接表达和委婉语言，注重维护集体利益和和谐氛围。因此，在国际贸易争端解决的谈判中，了解对方的文化背景，选择适合对方文化的谈判方式和风格，可以增加谈判的成功可能性。

文化背景不同的人们在谈判中对于合作、竞争和妥协的态度有所不同，这会直接影响谈判的氛围和气氛。一些文化倾向于强调合作和共赢，注重建立良好的人际关系，而另一些文化则更注重竞争和博弈，强调自己的利益和立场。因此，在国际贸易争端解决的谈判中，需要根据对方的文化特点，创造出适合双方的谈判氛围，促进谈判的顺利进行。不同文化背景的人们对于协议条款和法律规定的理解和解释有着不同的角度和侧重点，这可能导致在谈判过程中的误解和争议。因此，在国际贸易争端解决的谈判中，需要考虑到文化因素对于协议内容的影响，尽量避免由文化差异而导致的误解和争议。

第二节 环境因素对争端解决的限制和挑战

一、环境因素对国际贸易争端解决的限制

(一) 法律和制度环境

在国际贸易争端解决中,不同国家的法律体系和争端解决机制存在显著差异,这种差异可能导致法律冲突和不一致性,从而影响争端解决的效率和公正性。首先,各国法律体系的不同可能导致在跨国贸易活动中出现法律冲突。例如,有些国家对合同解释和履行的要求可能与其他国家存在差异,这可能会导致合同争议的产生。其次,争端解决机制的不同也可能影响争端解决的结果。一些国家的争端解决机制可能不够完善或不够透明,这可能会使得争端解决的过程缺乏公正性,从而影响当事人的合法权益。

在解决这些问题时,国际社会可以采取一系列措施来促进国际贸易争端的有效解决。各国可以通过加强国际法律体系的建设,促进各国法律体系的协调和统一,从而减少法律冲突和不一致性。各国可以加强争端解决机制的建设,提高争端解决的效率和公正性。例如,可以建立更为透明和公正的争端解决机制,提高当事人对争端解决结果的信任度。各国还可以加强国际合作,共同应对国际贸易争端带来的挑战,推动国际贸易体系的稳定和发展。

(二) 政治环境

国际贸易争端往往不仅受到经济和法律因素的影响,还受到国家政治因素的影响。政治因素可能导致国家在争端解决中优先考虑国家利益而忽视公正性和合理性,从而限制了争端解决的效果和结果。一些国家可能会利用国际贸易争端来达到政治目的。例如,一些国家可能会将贸易争端作为对外政策的一部分,通过加大争端解决的复杂性和敏感性来达到牵制对手、提升国际地位等政治目的。在这种情况下,争端解决往往会受到政治因素的干扰,导致解决过程的延长和结果的不确定性。国家政治体

制意识形态差异也可能影响争端解决的结果。一些国家在争端解决中可能更倾向于支持本国企业，而不是追求公正和合理性，这可能导致争端解决结果的偏向性，损害其他国家的合法权益。

解决这些问题的关键在于加强国际政治合作，推动国际贸易争端的公正解决。各国应该遵守国际法律和规则，尊重争端解决机制的独立性和专业性，确保争端解决过程的公正性和合理性。各国应该加强沟通和协调，避免将贸易争端政治化，努力寻求通过对话和协商解决争端的方式，避免将争端升级为政治冲突。国际社会应该加强监督和评估，对那些利用贸易争端谋取政治目的的行为进行制止和谴责，维护国际贸易秩序的稳定和公正。

（三）经济环境

争端双方可能因为经济利益而采取不同的立场和策略，这可能导致争端解决的困难和延迟。争端解决可能涉及贸易制裁和经济制裁等措施。贸易制裁是指一国或数国为了保护自身的经济利益而对另一国采取的贸易限制措施，而经济制裁则是指一国为了惩罚另一国的某种行为而采取的经济限制措施。这些措施可能对国家经济造成不利影响，限制了争端解决的灵活性和效果。争端解决可能涉及经济利益的重新分配。在贸易争端中，双方可能就贸易额、关税等经济利益进行重新协商，这可能导致争端解决的复杂性和敏感性增加，从而影响解决的效果和结果。

为了解决这些问题，国际社会可以采取一系列措施来促进国际贸易争端的有效解决。各国可以加强经济合作，通过扩大贸易规模、降低贸易壁垒等方式来增加争端解决的利益，从而促进争端解决的顺利进行。各国可以加强争端解决机制的建设，提高争端解决的效率和公正性。例如，可以建立更为透明和公正的争端解决机制，提高当事人对争端解决结果的信任度。各国还可以加强对经济制裁和贸易制裁的监督和评估，确保这些措施不会对国家经济造成不利影响，从而保障争端解决的灵活性和效果。

（四）文化环境

在国际贸易争端解决中，文化环境是一个重要的影响因素。不同文化背景下的理解和解决争端的方式不同，这种文化差异可能导致在争端解决中的沟通障碍和误解，影响争端的解决效果。文化因素会影响到人们对待争端的态度和方法。在一些文化中，人们可能更注重面子和尊严，不愿意在公开场合承认错误或让步，这可能导致争端解决的困难和延迟。文化差异也会影响人们对待合作和竞争的看法。在一些文化中，人们可能更注重合作和共赢，而在另一些文化中，人们可能更注重竞争和个人利益。这可能导致在争端解决中的谈判方式和风格的差异，从而影响解决效果。

为了解决这些问题，国际社会可以采取一系列措施来促进国际贸易争端的有效解决。各国可以加强文化交流和理解，增进各国（地区）之间的相互了解，减少在争端解决中的沟通障碍和误解。各国可以加强培训和教育，提高人们对不同文化背景下解决争端的方法和技巧的认识和理解，从而提高解决争端的效率和效果。各国还可以加强对文化因素在争端解决中的作用的研究，制定相应的政策和措施，促进文化因素对争端解决的积极影响，推动国际贸易争端的顺利解决。

二、环境因素对国际贸易争端解决的挑战

（一）政治环境不稳定

在国际贸易争端解决过程中，政治环境的稳定性至关重要。然而，当国际形势动荡或者涉及争议的国家关系紧张时，解决争端的难度会显著增加。政治动荡可能导致当事国内部政治氛围紧张，政府更倾向于采取强硬立场以维护国家利益，这可能使争端解决的氛围变得更紧张。例如，如果某国政府因内政问题而面临压力，可能会将解决国际贸易争端作为一个政治手段，而不是一个经济问题来处理，这可能导致争端的解决受到影响。

国际形势动荡也可能使国际社会的关注点发生变化，国际社会更关注政治稳定和安全，而忽视经济发展和贸易合作。这可能导致国际贸易争端解决机制的失灵，因为解决贸易争端需要各方共同努力，而不是仅依靠一国或几国的努力。涉及争议的国家关系紧张也会给国际贸易争端解决带来困难。当国家之间的政治关系紧张时，解决争端需要更多的外交努力和妥协，这可能使得解决争端的难度增加。例如，如果两个国家因领土争端而关系紧张，那么在解决贸易争端时，双方可能会更倾向于维护自己的利益，而不愿意做出妥协。

（二）国际关系复杂

国际贸易是连接各国经济的重要纽带，然而，这一纽带同时承载着各国和地区之间错综复杂的关系。在全球化的今天，国际贸易已经超越了简单的商品交换，而成为了国家之间利益争夺的重要平台。因此，国际贸易争端的解决不仅是经济问题，更是一项关乎各方国家利益地区利益的复杂政治任务。

国际贸易涉及的利益不仅是经济层面的，更包括了国家（地区）在安全、文化等方面的利益。例如，一些发展中国家可能会将国际贸易作为发展经济、提高人民生活水平的重要途径，因此，它们更注重贸易政策的保护主义倾向。而发达国家则更多地关注在国际贸易中保护自身产业、确保国家安全和政治稳定。这种不同的利益取向使得国际贸易争端的解决更加复杂，需要在兼顾各方利益的基础上进行协商和妥协。

国际贸易争端的解决还需要考虑到各方的地区利益。由于国际贸易的全球性特点，一个国家或地区的贸易政策变化可能会对其他国家或地区造成直接或间接的影响。例如，美国的一项贸易政策可能会影响到欧洲、亚洲等其他地区的利益。因此，在解决国际贸易争端时，除了考虑各国家利益外，还需要考虑到各地区的利益，确保解决方案的公平性和平衡性。

（三）文化差异影响

文化差异是国际贸易争端解决中一个不可忽视的重要因素，不同国家、地区和民族之间存在着各种各样的文化背景和价值观，这种差异不仅体现在语言、宗教、风俗习惯等方面，也深刻影响着人们的思维方式和行为习惯。因此，在解决国际贸易争端时，必须充分考虑到文化差异所带来的影响，以便更好地协调各方的利益，实现争端的公正解决。

不同文化背景下的人们对待问题的态度、解决问题的方法以及处理冲突的方式可能存在较大差异。例如，一些东方文化强调和谐、妥协，更注重人际关系和面子问题，而一些西方文化则更加强调法律、契约，注重事实和逻辑。在国际贸易争端解决过程中，如果各方没有充分理解对方的文化背景和价值观，可能会导致沟通不畅、误解加深，甚至导致争端难以解决。

文化差异可能导致各方在理解、认知上的差异，可能会影响到争端解决方案的制定和执行。例如，在合同解决争端时，双方可能对于合同条款的解释存在差异，如果没有考虑到文化因素，可能会导致争端解决方案的实施困难，甚至引发新的纠纷。因此，在解决国际贸易争端时，必须充分考虑到文化差异，尊重和理解对方的文化背景和价值观，寻求一种既符合各方文化特点又能够实现争端解决的方式和方法。

（四）经济发展不平衡

在国际贸易中，不同国家的经济发展水平不平衡是一个普遍存在的现象。一方面，发达国家在经济实力上具有明显优势，拥有更多的资源和技术，能够在国际贸易中占据主导地位；另一方面，发展中国家在经济发展上相对落后，面临着技术、资金等方面的制约，处于相对较弱的地位。这种经济发展不平衡可能会影响到国际贸易争端解决的公平性和效果，增加解决争端的难度和复杂性。

发达国家在技术、资金等方面具有较大优势，可能会采取一些手段来影响争端解决的结果，例如通过施加经济压力、操纵信息、干预裁决等方式，使解决方案更倾向于自身利益。这种行为可能会导致国际贸易争端解决的公平性受到质疑，引发争议和不满，从而增加解决争端的复杂性。

由于发达国家和发展中国家在经济发展水平上存在差异，它们在解决争端时关注的问题和重点也会有所不同。发达国家可能更注重保护自身利益和维护国际贸易秩序的稳定，而发展中国家则更注重获得公平对待和合理利益的保障。因此，在解决国际贸易争端时，需要充分考虑到各方的经济发展水平差异，寻求一种既能够维护国际贸易秩序稳定又能够公平对待各方的解决方案。

（五）环境保护压力增加

环境保护是当今世界面临的重大挑战之一，而国际贸易作为全球经济的重要组成部分，也在环境问题上承受着越来越大的压力。随着环境问题的日益突出，国际贸易中的环境争端也日益增多，解决这些争端不仅需要考虑到经济利益，还需要兼顾环境保护的要求，人们增加了解决争端的难度和复杂性。随着人们对环境问题的关注度不断提高，越来越多的国家开始将环境保护作为重要的国家战略之一，并将环境标准纳入贸易政策中。在这种背景下，国际贸易争端中的环境问题也变得越发突出，各方在解决争端时需要充分考虑到环境保护的要求，人们增加了解决争端的难度和复杂性。

为了符合环境保护的要求，一些国家开始采取一些环保措施，如加强环境监管、限制高污染、高能耗产品的进口等。这些措施可能会引发贸易争端，需要通过协商和谈判来解决。然而，由于各方在环境标准和环境政策上存在差异，解决环境争端的难度较大，需要寻求一种既能够维护环境保护的要求又能够保护贸易自由和公平的解决方案。

第三节 环境因素对争端解决的启示和建议

一、环境因素对争端解决的启示

（一）强调合作与协商

在当今世界，环境保护已经成为一个备受关注的全球性问题。随着全球化进程的加快和经济的快速发展，环境问题日益凸显，各种环境争端也随之而来。在国际贸易中，环境保护问题不断引发争议，因此，解决这些争端需要各国共同努力，强调合作与协商，而不是采取单边主义或强硬对抗的态度。环境保护是一个综合性、复杂性极高的问题，需要各国共同努力才能解决。各国之间应该摒弃零和思维，而是应该寻求合作共赢的解决方案。通过合作与协商，各国可以分享经验、共同制定环境标准，共同推进环境保护工作，最终实现互利共赢。

在国际贸易中，环境保护是一个至关重要的问题。各国应该共同努力，通过合作与协商，制定一系列有效的环境保护措施，保护共同的环境资源。只有通过合作与协商，才能真正实现环境的可持续发展，保护地球的生态环境。合作与协商有助于维护国际贸易秩序。在国际贸易中，各国之间存在着复杂的利益关系。如果各国采取单边主义或强硬对抗的态度，很容易导致贸易争端升级，破坏国际贸易秩序。因此，各国应该通过合作与协商，寻找解决争端的最佳方式，共同维护国际贸易秩序的稳定和发展。

（二）兼顾经济与环境

在国际贸易争端解决中，兼顾经济与环境的要求至关重要。经济发展是各国的共同追求，但环境保护也是人类共同的责任。因此，国际贸易争端的解决应该寻求一种既能促进经济发展又能保护环境的平衡点。经济的快速发展往往伴随着环境污染和资源消耗，如果不加以控制，将会给环境带来巨大的破坏。因此，在国际贸易中，各国应该采取措施，促进经济发展的同时保护环境，实现经济与环境的双赢。

环境保护需要投入大量的资源和资金，如果没有经济的支持，将难以实现。因此，在国际贸易争端解决中，各方应该充分考虑到环境保护的经济成本，寻找一种既能保护环境又能保持经济可持续发展的平衡。经济的发展需要有一个良好的环境作为基础，而环境的保护也需要有一个健康的经济作为支撑。因此，在国际贸易争端解决中，各方应该通过合作与协商，寻找经济与环境相辅相成的最佳解决方案，共同促进经济与环境的协调发展。

（三）尊重多样性与包容性

在国际贸易争端解决中，尊重各国的环境多样性和采取包容性的态度是至关重要的。不同国家拥有不同的环境保护需求、政策偏好和发展水平，因此，在解决争端时，应该考虑到各国的实际情况和发展阶段，寻求一种既能保护环境又能接受各方解决方案的平衡点。尊重各国的环境多样性有助于促进合作与协商。各国在环境保护方面面临着不同的挑战和压力，有着不同的环境政策和偏好。在国际贸易争端解决中，如果能够充分尊重各国的环境多样性，采取包容性的态度，就能够促进各方之间的合作与协商，找到解决问题的最佳方案。

各国在环境保护方面有着不同的立场和政策，如果一味强求统一标准和做法，可能会引发争端，破坏国际贸易秩序的稳定。因此，在解决争端时，应该尊重各国的环境多样性，采取灵活的方式，寻求一种既能保护环境又能维护贸易秩序的解决方案。尊重各国的环境多样性有助于推动全球环境治理体系的建设。环境问题是全球性问题，需要各国共同努力才能解决。如果能够尊重各国的环境多样性，采取包容性的态度，就能够促进各国之间的合作，推动全球环境治理体系的建设，为保护全球环境资源做出积极贡献。

（四）强调科学与技术支持

在解决国际贸易环境争端时，强调科学与技术支持是至关重要的。环境问题是一个涉及多方面知识和领域的复杂问题，需要依靠科学和技术的支持才能找到解决方案。各方应加强科学研究和技术合作，依据科学数据和技术标准做出决策，确保解决方案的科学性和可操作性。环境问题涉及多种科学领域，如气候变化、生物多样性、水资源管理等，需要有科学的依据才能做出正确的决策。通过加强科学研究和技术合作，可以获取到最新的科学数据和技术成果，为解决环境争端提供有力支持。

科学与技术支持有助于确保解决方案的科学性和可操作性。在解决环境争端时，不能凭空臆断或政治偏见，而是应该依据科学数据和技术标准做出决策。只有通过科学与技术支持，才能找到真正有效的解决方案，保证解决方案的科学性和可操作性。科学与技术支持有助于促进各方之间的合作与协商。在国际贸易环境争端解决中，各方往往存在着不同的立场和利益，需要通过合作与协商来找到共同的解决方案。科学与技术支持可以帮助各方更好地理解问题的本质，加深彼此的信任，推动合作与协商的进展。

（五）建立有效监管机制

建立有效监管机制是解决环境争端的关键。各方应该加强对环境问题的监测和评估，以便及时发现和解决环境争端，保护环境资源的可持续利用。有效监管机制不仅需要法律和政策的支持，还需要强有力的执行和监督机制。建立环境监测体系是关键。这包括建立环境监测站点和网络，利用先进的监测技术和方法，监测环境质量、资源利用情况等。监测数据应该及时公开，为公众和监管部门提供参考依据。

加强环境评估工作。在项目建设前，应进行环境影响评估，评估项目对环境的影响，提出减少或避免不良影响的措施。评估结果应该作为决策的依据，并对环境争端的解决起到重要作用。建立环境监管部门和机构是必要的。这些部门和机构应该有权力和资源来监督和管理环境保护工作，对环境违法行为进行调查和处罚。同时，应该建立环境公益诉讼制度，允许公众通过法律途径维护环境权益。加强跨部门合作也是关键。环境问题往往涉及多个部门和领域，需要跨部门合作来解决。各部门应加强协调，形成合力，共同解决环境争端。

二、环境因素对争端解决的建议

(一) 环境评估与风险管理

环境评估包括环境影响评价和风险管理，通过这些评估，可以更好地了解争端对环境的影响程度，并采取相应的措施来减轻影响，保护环境资源的可持续利用。在争端解决过程中，对环境的影响进行评估可以帮助确定争端的根源，并为解决争端提供科学依据。例如，在涉及土地利用的争端中，可以评估项目对土地资源的影响，包括土地破坏程度、生态系统服务丧失等，从而确定项目的合理性和环保性。

在争端解决过程中，应根据环境评估结果，制定相应的风险管理措施，包括事前、事中和事后的措施。例如，在处理环境事故引发的争端时，可以采取事前预防措施，如建立环境监测系统、制订紧急应对计划等；事中应对措施，如迅速处置环境污染源、减少环境损失等；事后修复措施，如修复受损的生态系统、恢复受影响的生物多样性等。环境评估和风险管理，可以更好地理解环境争端的本质，科学地制定解决方案，保护环境资源的可持续利用。这对于促进争端解决的公正性、合理性和可持续性具有重要意义，有助于实现经济发展和环境保护的双赢。

(二) 可持续发展目标

在解决环境争端的过程中，考虑到可持续发展目标是至关重要的。可持续发展目标旨在实现经济、社会和环境的协调发展，以满足当前需求，同时确保未来世代能满足其需求。在解决争端的过程中，应该优先考虑环境可持续性，以确保环境资源的持续利用和保护。在解决争端的过程中，应该考虑到争端解决方案对环境的影响，以及如何最大限度地减少这种影响。这包括减少污染物排放、提高资源利用效率、保护生物多样性等方面。采取这些措施，可以实现经济、社会和环境的协调发展，促进可持续发展。

在解决争端的过程中，应该考虑到解决方案对经济的影响，以及如何实现经济的可持续发展。这包括促进就业、提高生产效率、促进经济增长等方面。实现经济的可持续发展，可以提高人民的生活水平，促进社会的稳定和繁荣。社会可持续性也是解决争端的重要因素。在解决争端的过程中，应该考虑到解决方案对社会的影响，以及如何促进社会的可持续发展。这包括保障人权、提高社会公平和正义、促进社会和谐等方面。实现社会的可持续发展，可以提高人民的幸福感和生活质量，促进社会的稳定和繁荣。

(三) 公众参与与透明度

在解决环境争端的过程中，公众参与和透明度是至关重要的。公众参与可以增加解决方案的可接受性和可持续性，提高决策的合法性和效果。保持透明度可以增加公众对解决方案的信任，减少争端的再次发生。公众是环境争端的直接受影响者，他们对解决方案的意见和建议至关重要。公众参与，可以更好地了解公众的需求和利益，促进解决方案的制定和实施。例如，在处理污染排放问题时，可以组织公众听证会，征求公众意见，从而制定更符合公众期望的解决方案。

透明度可以增加解决方案的可信度和可持续性，减少争端的再次发生。在解决环境争端的过程中，应及时公开相关信息，包括争端的起因、解决方案的制定过程和实施效果等。这有助于公众了解问题的真实情况，参与解决方案的评估和监督。公众教育，可以提高公众对环境问题的认识和理解，增强公众的环境意识和环境保护意识，减少环境争端的发生。例如，可以开展环境教育活动，向公众普及环境知识，提高他们对环境的尊重和保护意识。

(四) 技术和创新

在解决环境争端的过程中，利用先进技术和创新方法是至关重要的。这些技术和方法可以帮助提高环境监测、清洁生产等方面的效率和效果，从而更好地解决环境争端，保护环境资源。环境监测技术的应用可以帮助及时发现和监测环境污染源，准确评估环境影响，为环境争端的解决提供科学依据。例如，利用遥感技术、传感器技术等可以实现对大范围环境的实时监测，及时发现环境问题，减少环境争端的发生。

清洁生产技术的应用可以帮助减少环境污染，改善生产过程，提高资源利用效率。清洁生产技术包括循环经济技术、节能减排技术等，可以在减少环境压力的同时，提高企业的经济效益，促进可持续发展。利用信息技术和人工智能技术也可以提高环境争端解决的效率。例如，利用大数据分析可以帮助了解环境问题的本质和规律，为解决方案的制定提供科学依据；利用人工智能技术可以实现环境模拟和预测，帮助减少环境风险，提高环境管理的效果。

（五）国际合作

国际合作在解决环境争端中具有重要作用，特别是跨国界争端的解决。在全球化的背景下，环境问题往往跨越国界，需要各国共同努力，通过合作来解决。加强国际合作可以促进经验和资源的共享，提高解决争端的能力和水平，实现环境保护和可持续发展的目标。各国在环境管理和保护方面积累了丰富的经验和知识，通过合作可以将这些经验和知识进行交流和分享，帮助各国更好地解决环境争端。例如，各国可以共同开展环境监测和评估项目，共享监测数据和评估结果，从而更准确地了解环境问题，制订更有效的解决方案。

一些发达国家在环境技术和资源方面具有先进的优势，可以通过合作向其他国家提供支持。例如，发达国家可以提供环境监测设备和技术，帮助发展中国家建立环境监测体系，提高环境监测和评估的能力。环境争端往往涉及不同国家之间的法律和政策差异，通过合作可以促进法律和政策的协调，建立统一的环境管理标准和规范，提高解决争端的效率和效果。例如，各国可以共同制定环境保护法律和政策，建立环境保护合作机制，共同应对跨国界环境问题。

（六）法律和政策支持

在解决环境争端的过程中，法律和政策支持是至关重要的。建立健全的法律和政策框架可以为环境争端的解决提供支持，包括明确的法律责任、处罚措施以及有效的争端解决机制。这些法律和政策措施可以为环境保护提供法律保障，促进环境争端的解决和环境资源的可持续利用。法律应明确规定环境保护的基本原则和要求，包括环境保护的优先原则、预防原则、污染者付费原则等。同时，法律应规定环境争端的解决程序和责任划分，明确各方的权利和义务，为环境争端的解决提供法律依据。

政策应针对性地制定环境保护政策和措施，促进环境资源的合理利用和保护。例如，可以制定环境税收政策、环境标准政策、环境监管政策等，通过政策的引导和激励，推动企业和个人改善环境行为，减少环境污染和破坏。建立有效的争端解决机制是解决环境争端的关键。争端解决机制应包括多种形式，如行政协商、仲裁、诉讼等，根据不同的争端情况采取相应的解决方式。争端解决机制应具有公正、高效、及时的特点，能够有效解决争端，保护环境资源。

（七）加强环保教育和强化环保意识

加强环保教育和强化环保意识是解决环境争端的重要举措，可以增强公众对环境的重视和保护意识，从而减少环境争端的发生，促进环境和谐发展。加强环保教育，可以向公众传授环境知识，让他们了解环境问题的严重性和影响，从而提高他们的环境意识和环境保护意识。例如，可以通过学校课程、宣传教育等方式，向公众普及环境知识，培养他们对环境的尊重和保护意识。

强化环保意识，可以让公众意识到自己的行为对环境的影响，从而改变不良的环境行为，采取更加环保的行动。例如，可以通过宣传教育、社会活动等方式，提升公众对环境问题的认识和重视程度，促使他们积极参与环境保护行动。加强环保教育和强化环保意识可以培养公众的环境责任感，让公众认识到环境保护是每个人的责任，从而主动参与到环境保护行动中。例如，可以通过开展环保主题活动、志愿者服务等方式，激发公众的环保意识和环保行动，推动环境保护事业的发展。

第四节 环境问题的解决方法

一、加强国际合作

在解决国际贸易环境问题中，加强国际合作是至关重要的。通过国际组织加强国际合作，可以共同制定和执行环境保护政策和法规，建立国际环境标准和规范，促进各国共同遵守环境保护要求，减少环境破坏性行为。这样做有助于保护全球环境资源，促进可持续发展。加强国际合作可以促进环境保护政策和法规的制定和执行。通过国际组织，各国可以共同制定环境保护政策和法规，建立统一的环境标准和规范，推动各国加强环境监管，减少环境破坏性行为。例如，世界贸易组织可以促进各成员在环境保护方面的合作，共同制定环境保护政策和法规，确保国际贸易活动符合环境保护要求。

通过国际组织，各国可以共同开展环境保护技术的研发和应用，促进环保技术的跨国界转移和共享，帮助发展中国家提升环保能力。例如，联合国环境署可以推动各国在环保技术领域的合作，促进环保技术在全球范围内的应用和推广，推动全球环境保护事业的发展。通过国际组织，各国可以共同开展环境监测和评估工作，监测环境状况，评估环境影响，为环境保护政策的制定和实施提供科学依据。例如，国际组织可以建立环境监测和评估网络，共享监测数据和评估结果，加强对环境问题的监测和评估，为环境保护工作提供科学支持。

二、推动绿色贸易

推动绿色贸易是解决国际贸易环境问题的重要途径。鼓励发展绿色贸易，促进环保技术和环保产品的国际交流和合作，推动绿色产业发展，有助于减少环境污染，保护环境资源，促进可持续发展。鼓励绿色贸易可以促进环保技术和环保产品的国际交流和合作。通过绿色贸易，各国可以共同开展环保技术和环保产品的研发和生产，促进环保技术的跨国界转移和共享，推动环保技术在全球范围内的应用和推广。例如，各国可以通过绿色贸易平台，共享环保技术和环保产品，促进环保技术的国际交流和合作。

支持绿色供应链管理可以鼓励企业采取环保措施，减少环境污染。通过绿色供应链管理，企业可以优化生产和供应链，减少资源消耗和环境污染，推动企业向环保型生产方式转变。例如，企业可以通过采购环保材料、改善生产工艺等方式，减少环境污染，提高资源利用效率。推动绿色产业发展可以促进经济可持续发展。绿色产业以其环保、节能、高效的特点，成为未来经济发展的重要方向。推动绿色产业发展，可以促进经济结构优化，提高资源利用效率，减少环境污染，推动经济可持续发展。例如，发展绿色能源、绿色交通等绿色产业，可以有效减少碳排放，推动低碳经济发展。

三、建立环境税收和补贴政策

建立环境税收和补贴政策是解决国际贸易环境问题的重要措施。建立环境税收和补贴政策，可以引导企业和个人减少环境污染和资源浪费，促进环境友好型生产和消费，实现经济发展与环境保护的双赢。对污染物排放征收环境税，可以提高污染物排放成本，促使企业采取节能减排措施，减少环境污染。同时，对资源消耗征收资源税，可以促使企业和个人节约资源，减少资源浪费，实现资源的可持续利用。例如，对高污染、高能耗行业征收环境税，可以促使这些行业采取环保措施，减少环境污染。

对环保产业和环保产品提供补贴，可以降低环保产业和环保产品的生产成本，提高其竞争力，促进环保产业的发展和环保产品的推广。同时，对节能减排行为和环保行为提供补贴，可以激励企业和个人采取环保措施，推动环保意识的普及。例如，对采用清洁生产技术的企业给予税收优惠或补贴，可以鼓励企业采取环保措施，减少环境污染。

建立环境税收和补贴政策可以调节市场行为，促进环境友好型生产和消费。可以通过环境税收和补贴政策，在市场上形成环保产品和环保服务的价格优势，引导消费者选择环保产品和环保服务，促进环保意识的普及和环保行为的形成。同时，可以通过环境税收和补贴政策，调节环保产业和环保产品的市场竞争，促进环保产业的发展和环保产品的推广。例如，对使用环保材料生产的产品给予税收优惠或补贴，可以促进环保材料的应用，推动环保产业的发展。

四、推动环境技术转移

推动环境技术转移是解决国际贸易环境问题的重要途径。加强国际合作，推动环保技术的跨国界转移和共享，可以帮助发展中国家提升环保能力，实现环境保护和经济发展的双赢。加强国际合作可以促进环保技术的跨国界转移和共享。通过国际合作机制，各国可以共同开展环保技术的研发和应用，促进环保技术在全球范围内的传播和应用，实现环保技术的跨国界转移和共享。例如，发达国家可以通过技术转让和合作项目，向发展中国家传授先进的环保技术，帮助它们提升环保能力，实现环境保护和经济发展的良性循环。

建立环境技术转移机制可以促进环保技术的应用和推广。建立环境技术转移机制，可以促进环保技术在全球范围内的应用和推广，为环境保护工作提供技术支持和保障。例如，可以建立环保技术转移中心，提供环保技术咨询和培训服务，帮助各国开展环保技术转移合作，推动环保技术在全球范围内的应用和推广。加强环境技术转移可以促进经济发展和环境保护的协调发展。环保技术转移不仅可以帮助发展中国家提升环保能力，实现环保目标，还可以促进经济发展，创造就业机会，促进经济和环境的协调发展。例如，发展环保产业，推广环保技术，可以促进经济增长，提高人民生活水平，同时减少环境污染，改善生态环境。

五、加强环境监管和执法

加强环境监管和执法是解决国际贸易环境问题的重要举措。建立健全的环境监管和执法机制，加强对环境违法行为的监督和处罚，可以确保环境法律法规的有效执行，保护环境资源，促进可持续发展。建立健全的环境监管和执法机制是保障环境法律法规有效执行的基础。建立健全的环境监管和执法机制，可以明确环境监管部门的职责和权力，加强对环境违法行为的监督和处罚，以确保环境法律法规的有效执行。例如，建立环境监管部门，制定环境监管规定，加强对环境违法行为的监督和处罚，保护环境资源，促进环境可持续发展。

加强对环境犯罪和跨境污染问题的监管和执法，可以有效防止环境犯罪行为的发生，减少环境污染和破坏，保护环境资源。例如，加强对非法排放污染物的监管和处罚，可以减少环境污染，改善生态环境，促进环境可持续发展。加强跨国界环境监管合作，各国可以共同应对跨国界环境问题，分享信息和资源，加强对环境犯罪和跨境污染问题的监管和执法，保护共同的环境利益。例如，建立环境监管合作机制，共同开展环境监管行动，加强对跨国界环境问题的监管和执法，保护环境资源，促进环境可持续发展。

六、促进可持续消费和生产

推动可持续消费和生产模式，倡导资源节约、环境友好的生活方式，可以减少资源消耗和环境污染，促进经济发展和环境保护的协调发展。倡导资源节约、环境友好的生活方式，可以减少对资源的过度开采和利用，降低对环境的破坏和污染。例如，倡导绿色消费，选择环保产品和服务，可以减少对资源的消耗和浪费，降低环境污染。

鼓励企业采取清洁生产技术、循环经济模式等可持续生产方式，可以降低生产过程中对资源的消耗和环境的污染，实现生产和环境的双赢。例如，采用节能减排技术，减少废物排放，可以降低生产成本，提高生产效率，同时减少对环境的影响。推动可持续消费和生产可以促进经济发展和环境保护的协调发展。可持续消费和生产模式不仅可以减少资源消耗和环境污染，还可以促进经济结构优化，提高资源利用效率，创造就业机会，促进经济和环境的协调发展。例如，发展绿色产业，推广环保技术，可以促进经济增长，提高人民生活水平，同时减少环境污染，改善生态环境。

七、提高公众环保意识

提高公众环保意识是解决国际贸易环境问题的重要举措。加强环保教育和宣传，提高公众对环境问题的认识和理解，可以增强公众的参与意识，促进公众参与环境保护行动，推动社会各界共同参与环保工作，实现环境保护和经济发展的双赢。开展环境教育活动，向公众普及环境知识，宣传环境保护政策和法规，可以增强公众对环境问题的认识和理解，提高环境保护意识。例如，开展环境保护主题讲座、举办环保知识竞赛等活动，可以增强公众对环境问题的关注和理解。

加强对公众参与权利的保障和宣传，鼓励公众积极参与环境保护事务，提出环保建议，监督环保行动，促进环保决策的科学化、民主化和法治化。例如，建立环境保护志愿者组织，组织公众参与环保实践活动，可以促进公众参与意识的增强，推动环保工作的开展。开展环境宣传活动，向公众传播环保理念，倡导环保行为，引导公众节约资源、保护环境，形成良好的环保行为习惯。

第九章 国际贸易争端解决的未来展望

第一节 国际贸易争端解决的发展趋势和特点

一、国际贸易争端解决的发展趋势

(一) 多边主义和规则化倾向

1. 强调多边主义

在当今全球化的背景下,国际贸易已经成为各国经济发展的重要动力。然而,随着贸易规模的不断扩大和贸易方式的不断变化,贸易争端也日益频发。解决贸易争端需要各国共同努力,而多边主义被认为是解决国际贸易争端的有效途径。在多边主义框架下,各国可以通过协商和合作解决贸易争端,避免采取单边主义和强权政策。WTO 作为多边贸易体制的核心机构,为各成员提供了一个共同的平台,通过谈判和协商解决贸易争端,维护了多边贸易体制的稳定和可预测性。

在多边主义框架下,各国必须遵守共同的规则和制度,包括 WTO 的规则和裁决机制。这些规则和制度为贸易争端的解决提供了明确的指导和程序,确保贸易争端的解决是公正、透明和可预测的。同时,这有利于保护较弱国家的利益,防止强权国家的霸权行为。在多边主义框架下,各国通过合作和协商解决贸易争端,不仅可以解决具体的贸易问题,还可以促进各国之间的经济交流与合作,实现互利共赢。这有助于增强各国之间的互信与友好关系,推动世界经济的稳定与繁荣。

2. 规则化倾向

在当今全球贸易环境中,规则化倾向已经成为解决国际贸易争端的重要趋势。各国倾向于通过建立更加明确、可预测的国际贸易规则来解决争端，这种趋势体现了各国对于维护国际贸易秩序稳定性和可预测性的重视，旨在避免出现单边主义和任意性，促进全球贸易的健康发展。在国际贸易领域，各国已经建立了一系列贸易规则和法律，如WTO规则、自由贸易协定等。遵守这些规则和法律，各国可以规范自己的贸易行为，确保贸易的公平、公正和透明。

规则化倾向强调维护国际贸易秩序的稳定性和可预测性。在当前复杂多变的国际贸易环境下，各国需要一个稳定和可预测的贸易秩序来保障自身的利益。通过建立明确的国际贸易规则，各国可以在这个秩序的基础上进行贸易活动，降低贸易争端的发生，提高贸易的效率和效益。在国际贸易争端中，一些国家可能会采取单边主义和任意性行为，违反国际规则和法律，损害其他国家的利益。建立更加明确、可预测的国际贸易规则，可以有效遏制这种行为，维护国际贸易秩序的稳定性和公正性。

（二）强调争端解决机制的效率和公正

1. 提高效率

WTO的争端解决机制作为国际贸易体系中最重要的争端解决机制，不断进行改革和完善，旨在提高解决争端的效率，以更快速地解决争端，维护国际贸易秩序的稳定和可预测性。争端解决程序往往烦琐复杂，导致解决争端的时间周期较长。为了提高效率，WTO不断简化争端解决程序，缩短解决争端的时间。例如，简化争端解决申诉书的格式要求，简化争端解决小组成立的程序等，都有助于加快解决争端的速度。

争端解决的审理时间较长，往往需要数年时间才能得出最终裁决。为了缩短审理时间，WTO采取了一系列措施，如加快争端解决小组和上诉机构的程序，限制申诉方和被申诉方的陈述时间等，以加快解决争端的速度。加强信息技术支持也是提高解决争端效率的重要手段。信息技术的发展为争端解决提供了更多可能性，例如，建立电子文档管理系统，可以更加方便快捷地管理争端解决过程中的文件和资料；视频会议等技术手段，可以减少争端解决相关人员的出差次数，提高解决争端的效率。

2. 加强公正

加强争端解决机制的公正性是解决国际贸易争端的重要保障，也是各国普遍关注的问题。公正的争端解决机制可以有效避免任意性和偏袒，确保争端解决的结果符合国际贸易规则和公平竞争原则，维护国际贸易秩序的公正和稳定。公正的争端解决机制要求依法行事，遵循国际贸易规则和程序。争端解决机制应当严格按照 WTO 规则和程序进行，不偏不倚地处理各国提出的贸易争端。这需要争端解决机构和人员具备专业的法律知识和严谨的工作态度，确保解决争端的公正性和合法性。

公正的争端解决机制要求公开透明，确保各方的权利得到保护。争端解决机构应当公开审理过程和结果，确保各方都能够了解案件的进展和结果，并有机会提出自己的意见和证据。这有助于增加解决方案的可接受性和可持续性，维护国际贸易秩序的公正和透明。公正的争端解决机制要求平衡各方利益，避免任意性和偏袒。争端解决机构应当客观公正地审理案件，不受任何国家或利益集团的影响，确保争端解决的结果符合公平竞争原则和国际贸易规则。这有助于维护国际贸易秩序的公正和稳定，促进各国之间的经济合作和发展。

（三）加强争端解决的技术性和专业性

1. 专业性提升

提升争端解决机构和人员的专业性是解决国际贸易争端的重要举措。各国倾向于加强对争端解决机构和人员的培训和技术支持，以更好地应对复杂的贸易争端，确保争端解决的公正、合法和有效。争端解决机构和人员需要熟悉国际贸易规则和法律，了解不同国家的贸易政策和实践，掌握贸易统计、贸易政策分析等专业知识。通过加强对贸易领域知识的培训，可以提升争端解决机构和人员的专业水平，更好地应对各种贸易争端。

争端解决涉及复杂的法律问题，争端解决机构和人员需要具备扎实的法律基础和法律分析能力，能够准确理解和适用国际贸易规则和法律。加强对法律领域知识的培训，可以提升争端解决机构和人员的法律素养，更好地履行争端解决的职责。经济因素在贸易争端中起着重要作用，争端解决机构和人员需要了解贸易政策对经济的影响，掌握经济分析工具和方法，能够准确评估贸易政策和措施的经济效果。加强对经济领域知识的培训，可以提升争端解决机构和人员的经济分析能力，更好地分析和解决贸易争端。

2. 技术支持

技术支持在提高国际贸易争端解决效率和质量方面起着关键作用。各国倾向于利用先进技术和信息化手段来支持争端解决工作，以提高解决争端的效率和质量，确保争端解决的公正和合法。利用信息技术加强对争端数据和案件信息的管理和分析是技术支持的重要方面。信息技术可以帮助争端解决机构和人员更加方便快捷地管理和分析争端数据和案件信息，提高工作效率。例如，建立电子文档管理系统可以更好地管理争端解决过程中的文件和资料；利用数据分析技术可以更好地分析争端解决的趋势和规律，提供决策支持。

利用信息技术加强争端解决工作的协调和沟通是技术支持的另一个重要方面。争端解决涉及多个国家和机构之间的协调与沟通，信息技术可以帮助各方更好地协调工作，提高工作效率。例如，利用视频会议等技术手段可以减少争端解决相关人员的出差次数，节省时间和成本；利用电子邮件和在线会议工具可以更加方便快捷地进行沟通和协商。争端解决机构和人员可以利用信息技术来监督和评估争端解决过程的进展和结果，及时发现和解决问题，确保解决争端的公正和合法。例如，建立在线评估系统可以让各方及时评估争端解决过程的效果，提出改进意见。

（四）加强国际合作和协调

1. 合作机制

各国倾向于建立更加紧密的合作关系，共同应对国际贸易争端带来的挑战，维护国际贸易秩序的稳定和可预测性。WTO作为全球贸易规则的制定和执行机构，为各成员提供了解决贸易争端的主要平台。各成员可以通过WTO机制，共同制定和执行国际贸易规则，协商解决贸易争端，维护各自的贸易利益。加强在WTO框架下的合作，有助于增强各成员之间的信任和合作，促进国际贸易的发展。

各国可以通过地区性贸易协定和组织，建立更加紧密的合作关系，共同应对贸易争端带来的挑战。例如，亚太经合组织（APEC）等地区性组织可以为各成员提供解决贸易争端的平台，促进地区贸易的发展，维护地区贸易秩序的稳定和可预测性。发达国家和发展中国家之间存在着贸易发展不平衡和贸易利益不对等的问题，加强南北合作，促进贸易发展，解决贸易争端，对于维护国际贸易秩序的稳定和可预测性具有重要意义。各国可以通过加强南北合作，推动国际贸易规则的制定和执行，促进贸易争端的解决，实现互利共赢的局面。

2. 协调立场

在国际贸易争端中加强协调，形成统一的立场，是各国应对贸易争端的重要策略之一。通过协调立场，各国可以提高解决争端的效力和公信力，维护国际贸易秩序的稳定和可预测性。在贸易争端解决过程中，各国如果能够形成统一的立场，就可以避免在一些细枝末节上产生争议，从而节省解决争端的时间和成本，提高解决争端的效率。例如，各国可以在争端解决机构的会议上就争端的关键问题达成共识，避免在次要问题上浪费时间。

协调立场可以提高解决争端的公信力。各国如果能够形成统一的立场，就可以向外界展示国际社会的团结和合作精神，增加解决争端的公信力。这有助于各方更好地接受解决争端的结果，促进国际贸易秩序的稳定和可持续发展协调立场可以促进贸易争端的和解和调解。在贸易争端解决过程中，各国如果能够形成统一的立场，就可以更好地推动各方就争端达成和解或调解的协议。和解或调解，可以更快速地解决争端，减少争端解决的成本，促进各国之间的合作和发展。

二、国际贸易争端解决的发展特点

（一）多边主义的强调

多边主义作为解决国际贸易争端的有效途径备受国际社会重视。在当前国际贸易环境下，各成员普遍认为维护WTO的地位和作用至关重要，因为WTO作为全球贸易规则的制定和执行机构，扮演着关键角色。多边主义强调各国平等参与、共同协商的原则，有助于维护国际贸易秩序的稳定和可预测性。在WTO框架下，每个成员都有平等的参与权利，无论其经济规模大小。这种平等参与原则体现了多边主义的核心理念，有助于避免强权政治，维护各国的合法权益。

在WTO的争端解决机制中，各成员通过协商和磋商解决贸易争端，而不是采取单边主义或强权行动。这种共同协商的方式有助于增进各国之间的相互理解和信任，为解决争端创造了更有利的条件。多边主义强调维护国际贸易秩序的稳定和可预测性。建立明确的国际贸易规则和制度，多边主义有助于减少不确定性，促进国际贸易的发展和繁荣。这对于各国经济的稳定增长和全球贸易的健康发展都具有重要意义。

(二) 规则化倾向的增强

国际贸易规则的规范化和规则化倾向在解决国际贸易争端中具有重要作用。各国倾向于通过建立更加明确、可预测的国际贸易规则来解决争端，避免出现单边主义和任意性。这种规则化倾向的增强，强调遵守国际规则和法律，维护国际贸易秩序的稳定性和可预测性。规则化倾向的增强有助于保障各国的贸易利益。在国际贸易争端中，各国可以依据明确的国际贸易规则和法律来维护自身的贸易权益，避免出现单边主义和任意性的做法。这有助于促进国际贸易的公平竞争，维护各国的合法权益。

规则化倾向的增强有助于提高国际贸易争端解决的效率。通过建立明确的国际贸易规则和程序，可以减少争端解决的时间和成本，提高解决争端的效率。这有助于各国更快速地解决争端，维护国际贸易秩序的稳定性和可预测性。规则化倾向的增强有助于加强国际合作。通过遵守国际规则和法律，各国可以增进相互之间的信任和合作，共同维护国际贸易秩序的稳定和可持续发展。这有助于促进国际贸易的发展和繁荣，实现互利共赢的局面。

(三) 效率与公正并重

国际贸易争端解决追求效率与公正并重的原则，体现了对公平竞争和国际贸易秩序的维护。在解决国际贸易争端时，各国普遍希望能够在保证高效率的前提下，实现公正的结果，以确保各方利益的平衡和维护。简化程序、缩短审理时间等措施可以提高解决争端的速度和效率，有助于避免争端拖延和耗时过长的情况发生。高效的解决机制有助于维护国际贸易秩序的稳定和可预测性，促进全球贸易的发展和繁荣。

公正是国际贸易争端解决的基本原则。解决争端的过程和结果应当公正、公平，各方的合法权益应得到平等对待和保护。强调公正性有助于增进各国之间的相互信任和合作，避免因解决争端而导致的贸易摩擦和矛盾升级。在实现效率和公正的同时，需要强调解决争端的合法性和透明性。解决争端的程序和决定应当符合国际贸易规则和法律，确保各方的合法权益得到尊重和保护。同时，解决争端的过程应当公开透明，使各方能够了解争端解决的全过程，增强解决方案的可接受性和可持续性。

（四）专业性和技术支持的提升

国际贸易争端解决机构和人员的专业性和技术性的提升，是解决复杂贸易争端的重要举措。各国倾向于加强对贸易、法律和经济等领域专业知识的培训和应用，利用信息技术加强争端解决工作，以提升解决争端的效率和质量。加强专业知识的培训和应用是提升解决争端效率的关键。各国可以通过开展培训课程、举办研讨会等方式，提升解决机构和人员在贸易、法律和经济等领域的专业知识水平，使其能够更好地理解和应对复杂的贸易争端。

利用信息技术加强争端解决工作是提升解决争端效率的有效途径。信息技术的应用可以帮助解决机构和人员更快速地获取和处理争端相关信息，提高解决争端的效率和质量。例如，利用大数据分析等技术，可以更好地分析争端案件，提供科学依据支持解决方案的制定。加强专业性和技术支持也有助于提升解决争端的公正性和可持续性。专业性的提升可以使解决机构和人员更客观、公正地处理争端，确保各方利益得到平衡和维护。技术支持的提升可以使解决争端的结果更具可持续性，能够更好地适应不断变化的国际贸易环境。

（五）国际合作的强化

国际贸易争端解决需要各国之间的紧密合作，共同应对跨国界争端带来的挑战。加强国际合作有助于分享经验和资源，提高解决争端的能力和水平，促进国际贸易的发展和繁荣。国际合作可以帮助各国更好地应对复杂的跨国界争端。通过分享经验和资源，各国可以共同探讨解决争端的有效途径和方法，提高解决争端的能力和水平。这有助于避免单边主义和任意性，确保解决争端的公正和合理性。

国际合作有助于促进国际贸易的发展和繁荣。通过加强合作，各国可以共同推动贸易自由化和便利化，降低贸易壁垒，扩大贸易规模，促进全球经济的增长和繁荣。这有助于实现互利共赢，推动全球经济的可持续发展。国际合作还可以增进各国之间的相互信任和合作。通过共同应对跨国界争端，各国可以增进相互之间的了解和信任，加强合作关系，推动国际关系的和平发展。这有助于维护地区和世界的和平稳定，促进国际社会的繁荣和发展。

第二节 国际贸易争端解决的未来挑战和机遇

一、国际贸易争端解决的未来挑战

(一) 技术进步带来的变革

技术进步带来的变革对贸易模式和争端解决机制可能产生深远影响。随着数字化和信息技术的飞速发展，贸易方式正在经历前所未有的变革。传统的面对面交易逐渐被数字化贸易所取代，电子商务成为主流。这种变化使贸易更加便捷高效，但也带来了新的争端解决挑战。因此，争端解决机制需要相应地调整，以适应新的贸易环境。

在数字化时代，贸易争端往往涉及跨境电子商务。这种贸易形式的特点是交易主体分散、交易规模庞大、交易速度快。这为争端解决带来了挑战，传统的争端解决机制可能难以满足争端快速解决的需求。因此，我们需要探索新的解决方案，如建立适应数字化贸易的专门争端解决机构，以提高争端解决效率。信息技术的发展也改变了贸易争端的形式。随着大数据、人工智能等技术的应用，贸易争端往往涉及知识产权、数据安全等新领域。这些领域的争端解决需要更多专业知识和技术支持，传统的争端解决机制可能无法满足需求。因此，我们需要加强专业人才培养，提高争端解决机构的技术支持能力，以应对新形势下的贸易争端。

(二) 贸易保护主义抬头

贸易保护主义的抬头是当前国际贸易面临的重要挑战之一。一些国家采取了一系列贸易保护主义措施，如加征关税、采取贸易限制措施等，导致贸易环境的不稳定性和不确定性增加。这些措施可能引发更多的贸易争端，影响全球贸易秩序和经济发展。因此，国际社会需要加强合作，共同应对贸易保护主义行为。

贸易保护主义的抬头，一方面，与国际贸易格局的变化有关。全球化进程中，国际贸易日益密切，各国经济联系日益紧密。但是，一些国家面临国内经济压力和就业问题，采取贸易保护主义措施来保护本国产业和就业市场。另一方面，国际贸易规则和机制的不完善也是贸易保护主义抬头的原因之一。当前国际贸易规则存在一些漏洞和不足，一些国家通过挑战和规避规则来谋取自身利益，加剧了贸易保护主义的倾向。

面对贸易保护主义的抬头，国际社会需要采取一系列措施加以应对。加强多边主义，维护和完善现有的国际贸易规则体系，促进贸易自由化和便利化。加强国际合作，建立相互尊重、互利共赢的贸易关系，推动各国通过对话协商解决贸易争端。加强监管和执法，严厉打击违反国际贸易规则的行为，维护贸易秩序的稳定和公平。

（三）法律和制度的差异

在国际贸易争端解决中，不同国家法律和制度的差异可能导致解决争端时的理解与应用存在偏差，增加了解决争端的复杂性。一些国家采用的是普通法体系，而另一些国家则采用的是大陆法体系。这两种法律体系在法律解释、权利保护等方面存在差异，可能导致在解决贸易争端时的理解和适用上出现偏差。

一些国家注重法律的文字解释和逻辑推理，而另一些国家则注重法律的背景和目的。这种差异可能导致在解决贸易争端时，对法律条文的理解和解释存在偏差。不同国家的法律体系和制度也存在差异。一些国家的法律体系和制度相对完善，解决争端的程序和机制比较清晰，而另一些国家则存在法律适用不明确、制度不完善等问题，可能导致解决争端时的困难和偏差。不同国家的法律和制度在争端解决机制方面也存在差异。一些国家采取的是单一争端解决机制，而另一些国家则采取的是多元化争端解决机制，这种差异可能导致在解决贸易争端时的程序和结果存在偏差。

（四）解决机制的效率和公正性

尽管国际贸易纠纷解决机制经历了多次改革和完善，但其效率和公正性仍存在一些问题。解决机制的效率不高是一个普遍存在的困扰。贸易纠纷的解决往往需要经历漫长的诉讼程序，消耗大量的时间和资源。举例来说，世界贸易组织争端解决机构的程序包括多个阶段，从提出申诉到最终裁决可能需要数年时间。这种长期的解决过程可能导致纠纷的影响持续较长，给当事人带来不必要的损失。

在一些情况下，解决机制可能存在对弱势国家或企业不利的倾向。由于缺乏足够的专业知识或资源，弱势国家或企业可能无法获得公正的对待。此外，解决机制的公正性还可能受到政治因素的影响，导致裁决结果偏向某一方，损害其他方的利益。为了提升解决机制的效率和公正性,可以采取一些措施。可以简化解决程序,缩短解决时间。例如,可以减少申诉过程中的文书烦琐,简化证据提交的程序,提高解决效率。可以加强解决机构的专业性和公正性。例如,可以增加专业人士的参与,确保裁决结果基于客观事实和法律规定,避免受到外部因素的影响。加强国际合作也是提升解决机制效率和公正性的关键。各国可以加强信息共享,加强培训和技术支持,共同推动解决机制的改革和完善。通过国际合作,可以更好地应对全球化带来的贸易纠纷挑战,促进各方利益的平衡和维护。

(五)新兴问题的应对

在全球化进程不断深入的背景下,环境和劳工权利等新兴问题逐渐成为国际贸易争端的焦点。环境问题已经成为国际贸易争端的重要原因之一。贸易往往伴随着资源的开采和产品的生产,这可能对环境产生负面影响。例如,一些国家为了追求经济增长,可能会放松对环境的监管,导致环境污染和生态破坏。这可能引发其他国家的贸易争端,要求对方采取措施减少环境影响。劳工权利问题也逐渐成为国际贸易争端的焦点。一些国家可能存在劳工权利被侵犯的情况,例如强迫劳动、低工资和恶劣的工作条件等。这些问题可能引发国际社会的关注,并可能导致与其他国家的贸易争端。例如,一些国家可能会要求进口商品符合一定的劳工权利标准,否则将采取贸易制裁措施。

为了应对这些新兴问题,国际社会需要加强合作,采取有效措施。各国应加强环境保护和劳工权利保障。这包括加强对环境的监管,推动可持续发展,保护劳工的基本权利,提高劳工待遇和工作条件。国际社会应加强对新兴问题的监测和评估。这可以通过建立专门机构或委员会来实现,定期发布关于环境和劳工权利等新兴问题的报告,及时发现问题并采取措施加以解决。国际社会还应加强对新兴问题的法律和政策研究。这包括研究新兴问题对国际贸易的影响,探讨解决新兴问题的合适方法和措施,为国际社会制定应对新兴问题的政策提供参考。

(六)解决机制的透明度和可预测性

透明度是解决机制的基础,它确保了解决过程的公开和公正。透明度意味着各方可以清楚地了解解决机制的规则和程序,知道自己的权利和义务,避免了信息不对称可能带来的不利影响。透明度还可以增加解决机制的公信力和可信度，提高各方对解决机制的信任度。可预测性意味着解决机制的决策是基于一定的规则和标准，各方可以预测到解决机制可能做出的决定，并据此制订自己的策略和行动计划。可预测性还可以减少不确定性和风险，增加各方参与解决机制的积极性和合作意愿。

为了加强解决机制的透明度和可预测性，可以采取一些措施。可以加强解决机制的信息公开和对外沟通。解决机制可以定期发布解决案例和裁决结果，向公众和各方提供解决机制的运作情况，增加透明度。可以建立解决机制的规则和程序，确保其决策基于公平、公正和可预测的标准。例如，可以建立明确的证据标准和程序规则，确保各方在解决过程中能够依法行事。可以加强解决机制的专业性和独立性，提高其决策的客观性和公正性。专业性和独立性可以增加解决机制的可信度和可预测性，提高各方对解决机制的信任度，促进解决机制的有效运作。

（七）资源和能力建设

对于一些发展中国家来说，在解决贸易争端时面临资源和能力建设不足的问题。这些国家可能缺乏专业人才和技术支持，无法有效应对复杂的贸易争端。这些国家的法律制度和法律人才可能相对薄弱，缺乏应对贸易争端所需的法律支持和法律专业人才。此外，这些国家可能缺乏有效的监管和管理机制，导致在解决贸易争端时效率较低。

为了支持发展中国家提升解决争端的能力和水平，国际社会可以加强资源和能力建设。可以提供技术支持和专业培训，帮助发展中国家培养和吸引更多的专业人才，提高它们解决贸易争端的能力。可以加强法律和制度建设，帮助发展中国家建立健全的法律制度和法律人才队伍，提供法律支持和保障。此外，可以加强监管和管理机制建设，提高发展中国家在解决贸易争端时的效率和水平。国际社会还可以加强合作机制，支持发展中国家在解决贸易争端时的能力和水平。例如，可以建立合作机制，提供资源和技术支持，共同推动解决贸易争端的进程。此外，可以加强信息共享和经验交流，帮助发展中国家更好地应对贸易争端挑战，提高解决贸易争端的效率和水平。

二、国际贸易争端解决的机遇

(一) 加强国际合作

国际贸易争端解决过程需要各国之间的合作和协调。在解决贸易争端的过程中，各国需要共同努力，克服分歧，寻求共识，最终达成解决方案。这种合作不仅有助于解决具体的贸易争端，还可以促进各国之间的相互了解和信任，建立起更加稳固的合作关系。通过解决贸易争端，各国可以加深相互了解。在贸易争端解决过程中，各国代表可以充分了解对方的立场和利益诉求，深入交流意见和看法，从而增进相互了解。这有助于缓解因误解和不了解而产生的矛盾和冲突，为双方寻求共同解决方案奠定基础。

解决贸易争端可以增进各国之间的信任。在贸易争端解决过程中，各国代表需要坦诚交流，诚实表达自己的意见和诉求，避免信息不对称和误解。通过坦诚而建设性的对话，可以增进各国之间的信任，为今后的合作奠定基础。解决贸易争端还可以建立起更加稳固的合作关系。通过共同努力解决贸易争端，各国可以建立起相互尊重、平等相待的合作关系。这种合作关系不仅有助于解决当前的贸易争端，还可以为未来的合作提供坚实的基础，促进贸易自由化和经济全球化。

(二) 促进法治化进程

国际贸易争端解决的法治化进程是国际社会推动贸易规则和秩序的重要举措。国际贸易争端解决依靠法律和规则进行，这有助于建立一个稳定、可预测的国际贸易环境。国际贸易规则的存在和贯彻执行，为各国提供了明确的指导和框架，使得国际贸易能够在规则的约束下进行，避免了无序竞争和不公平贸易。国际贸易争端解决的法治化进程有助于提升国际社会的法治意识。通过解决贸易争端，各国了解到只有遵守国际贸易规则，才能维护自身利益，获得公平的贸易环境。这促使各国更加重视法治，加强对法律和规则的尊重和遵守，推动了国际社会法治化的进程。国际贸易争端解决的法治化进程有助于加强国际合作。在解决贸易争端的过程中，各国需要共同遵守规则，接受裁决结果，这需要各国之间加强合作和协调。这种合作不仅体现了对法治的尊重，也促进了国际社会的团结和稳定。

（三）提升行业标准

涉及各种行业标准和规范是常见的。通过解决争端，可以推动各国在环境保护、劳工权利等方面达成共识，进而提升行业标准，促进可持续发展。对涉及的行业标准和规范进行审查和讨论是必不可少的。通过这一过程，各方可以就标准的合理性、适用性和实施方式等方面进行充分的交流和辩论，促进各方对行业标准的理解和认同，从而达成更广泛的共识。

解决争端有助于推动各国加强在环境保护方面的合作，并促进环境标准的提升。在国际贸易中，环境标准往往涉及资源利用、排放控制、生态保护等方面。通过解决环境争端，可以倡导各国加强环境信息的共享和交流，加强环境监测和评估，推动环境标准向更加科学、严格的方向发展，为全球环境治理做出积极贡献。国际贸易争端解决也有助于推动各国加强对劳工权利的保护，并提升劳工标准。劳工标准涉及工作时间、工资待遇、安全保障等方面，是国际贸易中重要议题。通过解决劳工争端，可以促使各国认识到尊重和保护劳工权利的重要性，推动各国建立和完善劳工法律制度，提升劳工标准，实现劳动者的合法权益。

（四）推动制度改革

在国际贸易争端解决过程中，常常会发现现有的贸易规则和机制存在不足。这种发现不仅促使各国共同探讨贸易制度的改革和完善，更为适应经济全球化和国际贸易发展的需要提供了契机。国际贸易争端解决的案例和结果为贸易制度改革提供了重要的实践基础和经验教训。通过分析争端案例，各国可以发现贸易规则和机制中存在的漏洞和不足之处，为制度改革提供参考和借鉴。例如，一些争端可能暴露出贸易规则的模糊性或不明确性，促使各国就相关规则进行进一步明确和完善。

国际贸易争端解决过程中的争议焦点往往反映了贸易制度需要改革和完善的方向。例如，一些争端可能涉及新兴领域或新型贸易形式，现有贸易规则和机制可能无法有效适应，因此需要对相关规则进行更新和调整。通过解决这些争端，可以推动贸易制度向更加灵活和包容的方向发展。国际贸易争端解决过程中的共识和协商也为贸易制度改革提供了重要的政治支持和动力。争端解决往往需要各方妥协和让步，通过协商达成共识。这种共识和协商不仅有助于解决具体争端，更为各国在贸易制度改革方面达成共识和推动改革提供了动力和基础。

(五) 促进创新和发展

在国际贸易争端解决过程中，涉及知识产权等创新领域是很常见的。解决这些争端，可以促进知识产权的保护，鼓励创新活动，推动科技发展和经济增长。国际贸易争端解决有助于促进知识产权的保护。知识产权是创新活动的重要保障，对于创新型企业和科技领域的发展至关重要。解决知识产权争端，可以加强各国对知识产权的保护，提高知识产权的法律地位和实施力度，为创新活动提供更加稳定和可靠的环境。

解决知识产权争端有助于鼓励创新活动。知识产权争端往往涉及技术创新、产品设计等方面的竞争。解决这些争端，可以减少对创新活动的不确定性和风险，鼓励企业增加研发投入，推动技术创新和产品升级，提升企业竞争力。解决知识产权争端还有助于推动科技发展和经济增长。知识产权保护是科技发展和经济增长的重要保障，对于提升国家的科技实力和经济竞争力具有重要意义。解决知识产权争端，可以促进科技成果的转化和应用，推动科技发展和经济增长，实现经济的可持续发展。

(六) 加强规则意识

国际贸易争端解决过程对于加强各国的规则意识和法治观念具有重要意义。解决争端，可以提高各国对国际贸易规则的遵守和尊重，从而维护国际贸易秩序的稳定和可靠性。国际贸易争端解决过程可以加强各国对国际贸易规则的理解和认同。在争端解决过程中，各国需要遵循相关规则和程序，接受专业机构的裁决和调解。这一过程可以促使各国加深对国际贸易规则的理解，认识到规则的重要性和必要性，增强对规则的遵守和尊重。

国际贸易争端解决依据相关的国际法和贸易规则，要求各国依法行事，接受法律的约束和裁决。这一过程可以促使各国进一步强化法治观念，认识到法律对于维护秩序和解决争端的重要作用，增强对法律的尊重和信任。国际贸易争端解决过程也可以提高各国对国际贸易秩序的认同和支持。国际贸易规则和机制是维护国际贸易秩序的重要基础，对于促进贸易自由化和经济全球化具有重要意义。解决争端，可以增强各国对国际贸易秩序的认同和信心，促进各国共同维护和发展国际贸易秩序。

第三节　国际贸易争端解决的未来发展方向和建议

一、国际贸易争端解决的未来发展方向

（一）注重规则完善

未来国际贸易争端解决的重要发展方向之一是注重规则完善。随着经济全球化的深入发展和贸易形势的变化，国际贸易规则需要不断完善和调整，以适应新的挑战和需求。在规则完善的过程中，应该更加注重灵活性和包容性，充分考虑各国的发展水平和特殊情况。未来的国际贸易规则完善应该更加注重灵活性。随着科技进步和经济结构调整，贸易形式和模式不断变化，传统的贸易规则可能无法完全适应新的贸易形势。因此，规则完善应该更加注重灵活性，允许各国根据自身实际情况调整和适应规则，以确保规则的实用性和有效性。

在国际贸易中，各国的经济发展水平和贸易实践存在差异，传统的贸易规则可能对一些发展中国家造成不利影响。因此，规则完善应该更加注重包容性，充分考虑各国的发展水平和特殊情况，确保规则的公平性和合理性。规则完善还应该更加注重规则的透明性和可预见性。国际贸易规则的透明性和可预见性对于各国的贸易活动至关重要，可以减少不确定性和风险，促进贸易的顺利进行。因此，在规则完善的过程中，应该注重规则的公开透明，确保各国能够及时了解和理解规则的内容和变化。

（二）强化争端解决机制

随着国际贸易活动的增加和贸易争端的复杂化，争端解决机制需要不断完善和强化，以提高其效率和公正性，确保争端得到公正和及时的解决。国际贸易争端解决涉及复杂的贸易法律和规则，需要专业的人员进行裁决和调解。因此，争端解决机构应该加强人才队伍建设，提高人员的专业素质和技能水平，确保其具备应对各种贸易争端的能力和经验。

争端解决机构应该独立于各国政府和利益集团，以保证其裁决和调解的公正性和

客观性。为了确保独立性，可以考虑设立专门的争端解决机构，由独立的专家组成，避免政治和经济压力对裁决和调解的影响。应该加强争端解决机制的透明度。争端解决过程应该对外公开透明，确保各方能够了解和监督解决过程，提高裁决和调解的公信力和可信度。可以通过公开听证会、公开裁决书等方式，增强争端解决机制的透明度，确保公正和公平的解决争端。

（三）推动数字化和信息化

未来国际贸易争端解决的重要方向之一是推动数字化和信息化。随着科技的发展和信息技术的普及，数字化和信息化已经成为解决贸易争端的重要手段。运用先进的技术手段，如电子文档、在线听证会等，可以提高解决争端的效率和便利性，推动国际贸易争端解决的现代化和智能化。数字化和信息化可以提高解决争端的效率。传统的争端解决过程通常需要大量的纸质文档和文件，而数字化和信息化可以将这些文件转化为电子文档，实现信息的快速传递和共享。同时，采用在线听证会等方式，可以实现远程参与，减少时间和成本，提高解决争端的效率。

数字化和信息化可以提高解决争端的便利性。传统的争端解决过程通常需要各方到指定地点参与听证会或会议，而数字化和信息化可以实现远程参与，减少时间和成本。同时，数字化和信息化可以提供更多的解决方式，如在线调解平台等，方便各方选择适合自己的解决方式，提高解决争端的便利性。数字化和信息化还可以提高解决争端的公正性。采用数字化和信息化的手段，可以实现争端解决过程的记录和监督，确保解决过程的公开透明，提高裁决和调解的公正性。同时，数字化和信息化可以提供更多的证据和信息，帮助争端解决机构做出更加客观和公正的裁决和调解。

（四）促进协商和谈判

未来国际贸易争端解决的重要方向之一是促进协商和谈判。协商和谈判是解决争端的有效途径，可以通过对话和合作解决分歧，避免采取单边和强制措施，有利于维护国际贸易秩序的稳定和可靠性。协商是解决争端的基础和前提，各方可以通过协商寻求共识，化解分歧。未来的发展方向是加强协商机制，建立更加灵活和高效的协商平台，为解决争端提供更多的机会和空间。

谈判是协商的一种方式，可以通过双方交换意见和提出建议，寻求解决争端的方案。未来的发展方向是加强谈判机制，提高谈判的效率和成果，确保各方的合法权益得到保障。未来国际贸易争端解决将更加注重对话和合作。对话是建立在平等和尊重基础上的沟通方式，可以增进各方的理解和信任，为解决争端创造条件。合作是解决争端的关键，各方应该共同努力，寻求共赢的解决方案，避免陷入对抗和冲突。

二、国际贸易争端解决的未来发展建议

（一）推动贸易争端多元化解决机制

推动贸易争端多元化解决机制是促进国际贸易健康发展的重要举措。除了WTO争端解决机制外，各国可以利用其他多边、双边和区域机制来解决贸易争端。这样可以增加解决贸易争端的渠道，减轻WTO争端解决机制的压力，促进贸易纠纷更加有效和及时地得到解决。在多边方面，各国可以加强与其他国际组织的合作，如联合国贸发会议（UNCTAD）、国际货币基金组织（IMF）等，共同推动贸易争端解决工作。此外，可以通过增加国际仲裁机构的数量和能力，为贸易争端的解决提供更多选择。

在双边方面，各国可以签署双边贸易协定，建立双边贸易争端解决机制，为双边贸易争端的解决提供便利。双边贸易协定可以根据各国的实际情况和需求，灵活制定解决方案，更好地维护各自的贸易利益。在区域方面，各国可以加强与邻国和地区组织的合作，共同建立区域性贸易争端解决机制。在区域范围内解决贸易争端，可以更好地考虑各国的特殊情况和需求，推动贸易争端的及时解决。

（二）加强对话和协商

加强对话和协商是解决贸易争端的重要途径。各国应该加强沟通，寻求共识，避免采取单边主义措施，共同维护多边贸易体制。对话和协商是解决贸易争端的首要选择。通过对话，各方可以直接表达立场，交换意见，增进理解，找到解决问题的方法。通过协商，各方可以就具体问题进行深入讨论，寻求共同利益，达成共识，化解分歧，避免贸易争端的升级和扩大。

加强对话和协商有助于增进各方之间的信任和理解。在对话和协商过程中，各方可以更好地了解彼此的立场和诉求，增进互信，建立合作基础，为解决贸易争端创造条件。加强对话和协商有助于避免采取单边主义措施。在贸易争端解决过程中，各方

应该遵循多边贸易体制的原则和规则，尊重各方的利益和关切，避免采取单边主义行动，损害多边贸易体制的稳定和发展。加强对话和协商有助于共同维护多边贸易体制。多边贸易体制是维护国际贸易秩序的重要基础，各国应该共同维护和发展好这一体制，推动贸易自由化和便利化，促进全球经济的稳定和繁荣。

（三）加强争端解决专业化和技术支持

为了更好地应对复杂的贸易争端，各国应该加强对争端解决机构的支持，提高其专业化水平和技术支持能力。加强争端解决机构的专业化水平是解决贸易争端的关键。争端解决机构应该拥有经验丰富、专业素质高的人才，具备解决贸易争端所需的专业知识和技能。加强人才培养和引进，提高争端解决机构的专业化水平，可以更好地应对复杂的贸易争端。

争端解决机构应该充分利用现代技术手段，如信息技术、数据分析等，提高解决贸易争端的效率和准确性。加强技术支持能力，可以更好地分析贸易争端案件，找出问题的关键点，提出合理的解决方案。加强争端解决专业化和技术支持还可以提高贸易争端解决的公正性和透明度。专业化的争端解决机构可以更客观、公正地处理贸易争端案件，避免出现主观偏见和不公正现象。技术支持的加强可以提高解决贸易争端的透明度，使各国更清晰地了解案件的处理过程和结果。

（四）加强对贸易规则的遵守和执行

加强对贸易规则的遵守和执行是维护国际贸易秩序稳定的重要举措。各国应该加强对贸易规则的遵守和执行，避免采取违反规则的贸易政策，保护贸易秩序的稳定。加强对贸易规则的遵守有助于维护公平竞争环境。贸易规则是国际贸易的基础，各国应该遵守这些规则，避免采取不公平的贸易政策，保护各方的合法权益，维护贸易的公平竞争环境。只有各国共同遵守和执行贸易规则，才能保障国际贸易的顺利进行，避免出现贸易争端和贸易摩擦，维护贸易秩序的稳定。加强对贸易规则的遵守和执行还有助于促进贸易自由化和便利化。贸易规则的遵守和执行可以建立各方的信任，推动贸易自由化和便利化进程，促进全球贸易的繁荣发展。

(五) 推动数字化贸易争端解决

数字化贸易是当今全球贸易的重要组成部分,随着互联网技术的飞速发展,数字化贸易已经成为推动经济增长和国际贸易的重要引擎。然而,随之而来的是数字化贸易争端的增加,这些争端涉及复杂的技术和法律问题,给国际贸易带来了新的挑战。因此,推动数字化贸易争端解决机制的建立和完善,提高对数字化贸易争端的解决效率,对于维护数字化贸易的稳定和健康发展具有重要意义。随着数字化贸易规模的不断扩大,传统的贸易争端解决机制已经难以满足数字化贸易争端的需求。因此,国际社会应该根据数字化贸易的特点,建立专门的数字化贸易争端解决机制,以更好地解决数字化贸易争端。

数字化贸易争端涉及复杂的技术和法律问题,需要专业化的解决机制来处理。因此,国际社会应该加强对数字化贸易争端解决机制的建设,提高解决机制的专业化水平,以提高对数字化贸易争端的解决效率。加强国际合作是推动数字化贸易争端解决的重要途径。数字化贸易争端通常涉及跨国公司和多个国家之间的利益关系,需要国际社会共同努力来解决。因此,各国应该加强合作,共同推动数字化贸易争端解决机制的建立和完善,以维护数字化贸易的稳定和健康发展。

结束语

在当今全球化的背景下,国际贸易争端解决研究变得越来越重要。国际贸易争端不仅仅涉及各国之间的经济利益,更关乎国际贸易规则的制定和执行,直接影响着全球贸易体系的稳定和发展。因此,深入研究国际贸易争端解决机制及其运作方式,对于促进国际贸易的公平、公正和有序发展具有重要意义。本书从国际贸易争端解决的背景和意义入手,探讨国际贸易争端解决机制的演变和发展历程,分析国际贸易争端解决机制存在的问题和挑战,并提出相应的改进和完善方案。国际贸易争端解决研究至关重要,可从以下三个方面进行论述。

①国际贸易争端解决机制是维护全球贸易秩序的重要保障

研究解决争端的具体案例和机制,可以促进国际社会对贸易规则的遵守和执行,维护贸易的公平性、公正性和规则性。这有助于各国在更稳定、可预测的贸易环境中开展经济活动,促进全球经济的繁荣和稳定。

②国际贸易争端解决研究有助于促进贸易发展

深入研究争端解决机制的运作方式和效果,可以发现贸易规则和机制中的不足之处,为完善和修订国际贸易法律提供参考和借鉴。这有助于建立更加公平、透明和有效的贸易规则,推动各国间的贸易合作和发展。

③国际贸易争端解决研究有助于提升解决效率

深入研究争端解决机制的运作方式和效果,可以找到提高解决效率和公正性的方法和路径。这有助于各国更快速、更有效地解决贸易争端,减少因争端而造成的经济损失,促进贸易的持续和稳定发展。

总的来说,国际贸易争端解决研究对于维护国际贸易秩序、完善国际贸易法律制度、提升国际贸易争端解决效率和公正性具有重要意义。随着全球贸易的不断发展和变化,国际贸易争端解决研究将继续发挥重要作用,为国际贸易的健康发展提供坚实的基础和保障。

参考文献

[1] 黄子逸. 依托数字经济推动国际贸易转型升级的对策分析[J]. 质量与市场, 2023(15): 40-42.

[2] 王艺杰. 依托数字经济推动出口贸易转型升级的对策[J]. 科技经济市场, 2023(2): 28-30.

[3] 韩嘉祥. 数字经济推动国际贸易转型升级的策略研究[J]. 中小企业管理与科技, 2023(2): 150-152.

[4] 孟康平. 数字经济推动国际贸易转型升级的策略分析[J]. 商场现代化, 2022(23): 34-36.

[5] 李成霞. 数字经济助推企业转型升级的特征与机理研究[J]. 商场现代化, 2022(11): 115-117.

[6] 徐子涵. 中国数字经济发展对出口贸易转型升级的影响研究[D]. 兰州: 兰州财经大学, 2022.

[7] 单双双, 戴昀弟. 数字经济背景下出口贸易转型发展路径与优化策略[J]. 商业经济研究, 2022(10): 150-153.

[8] 李勇坚. 数字经济推动我国对外贸易转型升级[J]. 群言, 2022(4): 22-26.

[9] 李海晓. 数字经济推动国际贸易转型升级的策略分析[J]. 商讯, 2020(6): 78-79.

[10] 张茅. 扩大开放背景下国际贸易对我国商贸流通业优化升级的影响分析[J]. 商业经济研究, 2023(22): 29-32.

[11] 刘耀东. 全球电磁阀供应链的地理分布及对国际贸易的影响[J]. 投资与合作, 2023(10): 47-49.

[12] 梁炜昊. 中国式现代化视角下我国对外贸易高质量发展研究[J]. 价格月刊, 2023(11): 23-31.

[13] 薛卓之, 张茹. 跨境电子商务视角下的国际物流供应链管理模式构建[J]. 全国流

通经济, 2023(18): 72-75.

[14] 杨永. 农产品流通渠道变化对国际贸易发展影响实证分析[J]. 山西农经, 2021(19): 32-33.

[15] 林俊. 新全球化环境下促进跨境供应链安全与效率的法律路径[J]. 中国流通经济, 2022, 36(12): 68-80.

[16] 闻少博, 陈甲斌, 郝晓晴. 基于复杂网络视角的全球铜资源供应链风险研究[J]. 矿业研究与开发, 2021, 41(9): 171-178.

[17] 曾庆航. 基于供应链成员视角的跨境电商供应链服务商能力提升策略[J]. 商展经济, 2022(19): 82-84.

[18] 史浩, 戴小红, 郁国培. 数字贸易产业链、生态链金融服务体系构建: 从供应链金融到区块链金融[J]. 时代经贸, 2021, 18(12): 36-41.

[19] 黄顺光, 郑育新. 用区块链技术打造AEO高信用国际贸易生态圈的创新实践[J]. 中国海关, 2021(9): 88-89.

[20] 曲丽娜. 跨境电子商务视域下国际物流供应链管理模式分析[J]. 商展经济, 2021(20): 21-23.